A MARCA OLFACTIVA

RUI SOLNADO DA CRUZ
Mestre em Estudos Europeus pelo Instituto de Estudos Europeus
da Universidade Católica
Colaborador no Instituto Nacional da Propriedade Industrial

A MARCA OLFACTIVA

ALMEDINA

A MARCA OLFACTIVA

AUTOR
RUI SOLNADO DA CRUZ

EDITOR
EDIÇÕES ALMEDINA. SA
Av. Fernão Magalhães, n.º 584, 5.º Andar
3000-174 Coimbra
Tel.: 239 851 904
Fax: 239 851 901
www.almedina.net
editora@almedina.net

PRÉ-IMPRESSÃO | IMPRESSÃO | ACABAMENTO
G.C. GRÁFICA DE COIMBRA, LDA.
Palheira – Assafarge
3001-453 Coimbra
producao@graficadecoimbra.pt

Novembro, 2008

DEPÓSITO LEGAL
282131/08

Os dados e as opiniões inseridos na presente publicação
são da exclusiva responsabilidade do(s) seu(s) autor(es).

Toda a reprodução desta obra, por fotocópia ou outro qualquer
processo, sem prévia autorização escrita do Editor, é ilícita
e passível de procedimento judicial contra o infractor.

Biblioteca Nacional de Portugal - Catalogação na Publicação

CRUZ, Rui Solnado

A marca olfactiva. - (Teses de mestrado)
ISBN 978-972-40-3622-9

CDU   347
        341
        659

*A Deus
e aos meus Pais*

ABREVIATURAS

Revistas e Colectâneas

ADI	–	Actas de Derecho Industrial
CDP	–	Cadernos de Direito Privado
C. Imp.	–	Contratto e Impresa / Europa
EDC	–	Estudos de Direito do Consumidor
EIPR	–	European Intellectual Property Review
IDDA	–	Il Diritto di Autore
IPQ	–	Intellectual Property Quarterly
IIC	–	International Review of Industrial Property and Copyright Law
MIPLR	–	Marq. Intellectual Property Law Revue
MPRA	–	Munich Personal RepEc Archive
NCM	–	Noticias de Competencia y Mercado
RDI	–	Rivista di Diritto Industriale
RDM	–	Revista de Derecho Mercantil
RAE-EA	–	Revue des Affaires Européennes
RFM	–	Revue Française du Marketing,
RIPIA	–	Revue Internationale de la Propriété Industrielle et Artistique
RJC	–	Revue de Jurisprudende Commerciale
SFDJ/IPS	–	San Francisco Daily Journal, Intellectual Property Supplement.
SI	–	Scientia Ivridica
TMR	–	Trademark Reporter
TTAB	–	Trademark Trial and Appeal Board
TW	–	Trademark World
WIPR	–	World Intellectual Property Report

Instituições, legislação e decisões jurisprudenciais.

Ac.	– Acórdão
DM	– Directiva 89/104/CEE do Conselho de 21 de Dezembro de 1988, JO n.º L 40/1 de 11/12/1989
DPM	– Deutsches Patent und Markenamt (Instituto Alemão de Marcas e Patentes)
OHMI	– Instituto de Harmonização do Mercado Interno
OMC	– Organização Mundial do Comércio
OMPI	– Organização Mundial da Propriedade Intelectual
RMC	– Regulamento da Marca Comunitária (Regulamento (CE) n.º 40 do Conselho de 20 de Dezembro de 1993, JO n.º L 11 de 14/01/1994).
TCE	– Tratado que Institui a Comunidade Europeia
TJCE	– Tribunal de Justiça das Comunidades Europeias
TPI	– Tribunal de Primeira Instância das Comunidades Europeias
TR	– Tratado de Roma
TT	– Trademark Tribunal (Reino Unido)
TTAB	– Trademark Tribunal and Appeal Board (Estados Unidos da América)
UE	– União Europeia
USPTO	– United States Patent & Trade Mark Office

Em resultado do desenvolvimento exponencial do comércio internacional, os sinais distintivos do comércio tradicionais começam a não satisfazer inteiramente o interesse crescente de alguns concorrentes na criação de factores mais sofisticados de afirmação concorrencial. A par das palavras, letras, números e figuras, é a vez das *novas marcas* (cores, formas, aromas e sabores) começarem a marcar presença junto das autoridades de registo e na praça económica mundial. Este trabalho versa sobre a marca *aromática*. A velocidade estonteante da implementação do sinal olfactivo no mercado, pela via de um novo conceito de marketing, o *plurissensorial*, não tem sido acompanhada pela da sua protecção jurídica ao abrigo dos regimes de propriedade industrial. Com efeito, a aceitação do sinal olfactivo como marca tem sido muito controversa na prática administrativa, doutrinária e jurisprudencial em vários ordenamentos jurídicos, desde os Estados Unidos da América à Nova Zelândia, passando pela Comunidade Europeia.

Do regime legal supranacional da marca, iniciado com a *Convenção da União de Paris* e aperfeiçoado com o *Sistema da União de Madrid*, não vamos encontrar grande contributo para este debate. A nível comunitário, a *Directiva de Harmonização em Matéria de Marcas* e o *Regulamento da Marca Comunitária*, consagram a exigência de o sinal dever ser graficamente representável. Este requisito é o mais importante para se avaliar da possibilidade de registo da marca olfactiva.

A marca olfactiva vive um momento de grande agitação, feito de avanços e recuos. Em grande medida, esta situação justifica a escolha do tema do presente trabalho. É que, se por um lado, a Comunidade Internacional, *maxime* Europeia, parecem favoráveis ao registo de marcas olfactivas, por outro, a interpretação sobre o significado do requisito da representação gráfica de aromas feita pelo Tribunal de Justiça das Comunidades Europeias, anuncia um futuro muito difícil para a protecção destas marcas.

INTRODUÇÃO

O desenvolvimento do comércio internacional, trouxe uma nova dimensão quanto à configuração que um sinal distintivo do comércio pode revestir; assumiu-se a ideia de que tudo o que seja perceptível pelos cinco sentidos pode caracterizar um produto ou serviço e constituir uma referência para o consumidor ou utilizador. Ao lado dos sinais tradicionais, surgiram os tridimensionais e os compostos por cores, sons, hologramas, sabores, *tactos* e odores.

Contudo, a protecção jurídica dos sinais não convencionais não tem sido pacífica, nem na prática dos *Offices* de Propriedade Industrial, nem na jurisprudência, nem tão pouco na doutrina. Do elenco dos não convencionais, os sinais olfactivos são os mais propensos a discordâncias. Com efeito, a sua protecção jurídica tem entrado em rota de colisão com a implementação e importância da exploração do olfacto no mercado.

Se, por um lado, a dificuldade de representação gráfica e a presumível falta de distintividade do sinal olfactivo, tendem a lançá-lo para a cave do mundo das marcas por outro, o seu uso como o instrumento persuasivo, por excelência, do consumidor/utilizador tem-no atirado para o topo do mundo do novo *marketing sensorial*. Cada vez mais o sinal olfactivo é utilizado por entidades empresariais que, pela exploração do lado emocional do cliente, tornam o acto de compra essencialmente emotivo. Os exemplos são vários, desde a difusão de micro cápsulas aromáticas nos aviões, balcões e salas de espera da 1.ª classe da *Air France*, à campanha *"Empréstimos Tónicos"* do *Banque Populaire du Val de France*, ou à instalação de difusores de aromas no painel de bordo de alguns automóveis para os condutores se manterem vigilantes.

As hipóteses são ilimitadas e o uso do aroma (libertado por difusão natural, ventilação, *chauffage,* pulverização, micronização ou micro-encapsulamento) é o novo elemento para se atrair o consumidor, para se criar conforto no espaço comercial e para se criar um novo tipo de marca, a olfactiva. O conceito de produto e de serviço olfactivo tem, efectivamente, inundado o mercado revolucionando a harmonia do conceito de marca de outrora. Os tempos são de mudança e, perante a desmaterialização da economia, a do sinal não deve ser uma excepção mas uma simples consequência.

Tendo conhecido diversas definições, o conceito de marca tornou-se claro e praticamente uniforme em todo o mundo, resultado da força centrípeta da comunidade internacional na definição de directrizes de propriedade industrial comuns a uma pluralidade de países.

A consagração do primeiro regime supranacional de direitos industriais, edificado sobre os princípios da equiparação do estrangeiro ao nacional, do direito de prioridade e do da independência, ocorreu com a *Convenção da União de Paris* que contudo, se manteve omissa quanto à definição do conceito de marca. Pouco tempo depois, o *Acordo de Madrid* instaurou o princípio do registo internacional de marcas mas a uniformização que se esperava obter não foi ausente de dificuldades.

Entretanto, com a preparação do regime jurídico da marca comunitária e devido ao facto de algumas jurisdições se manterem fora do *Acordo*, a *Organização Mundial da Propriedade Intelectual* sentiu-se pressionada a criar um instrumento internacional que aproximasse a Comunidade Europeia da realidade instituída pelo *Acordo de Madrid*. A solução foi encontrada com o *"Protocolo relativo ao Acordo de Madrid"* o qual, juntamente com o *Acordo*, constitui o *Sistema da União de Madrid*. Na esteira da *Convenção da União de Paris*, também o *Acordo* e o *Protocolo* preferiram o silêncio na definição do conceito de marca nos Estados signatários.

Entretanto, o *Tratado sobre o Direito de Marcas*, no conjunto de disposições essencialmente processuais, veio expressamente exigir a visibilidade do sinal, afastando os não convencionais do registo como marcas.

Foi com o fim de se eliminarem distorções e entraves ao comércio internacional que, no âmbito da *Organização Mundial do Comércio* – em sintonia com a *Organização Mundial da Propriedade Intelectual* e com Organizações Intergovernamentais – se concluiu um quadro multilateral de princípios, regras e disciplinas designado por *TRIP'S*.

No palco Europeu, à medida que a União Aduaneira evoluía para o Mercado Único, a desarmonia dos direitos de propriedade industrial era notória, bem como o era a necessidade de um regime *uniforme* que permitisse às empresas identificar os seus produtos e serviços em toda a comunidade; a ampliação do limite territorial da marca era uma emergência e uma garantia da livre circulação de mercadorias, ameaçada pela divergência dos regimes nacionais em matéria de propriedade industrial.

Em 1991, a Primeira Directiva com vista à harmonização em matéria de Marcas entrou em vigor e, tal como se podia esperar, conciliava *suavemente* os regimes nacionais com as aspirações da Comunidade; a originalidade está no facto de, pela primeira vez, se definir o conceito de "marca" comum a uma pluralidade de Estados.

A prática mostrou contudo que a harmonização não era suficiente para a consolidação de um regime comunitário de marcas, dada a resistência das divergências entre as legislações dos Estados-membros. A necessidade de um instrumento legislativo comunitário uniforme e de aplicabilidade directa, justificou a aprovação do Regulamento da marca comunitária, que edificou um sistema assente nos princípios da unidade, da autonomia e da coexistência.

Entretanto, a adesão da Comunidade Europeia ao *Protocolo relativo ao Acordo de Madrid* permitiria o estabelecimento de uma estreita relação entre a marca comunitária e a marca internacional.

A definição de marca comunitária, cujo alcance é discutido na doutrina, reside num *requisito formal* – a representação gráfica – e num *requisito material* – a distintividade – cuja falta subsume o sinal directamente nos motivos absolutos de recusa de registo.

O requisito formal exige que o sinal seja susceptível de ser escrito ou desenhado, o que levanta sérias dificuldades quando o que se pretende representar é um odor, *tout court*. Com efeito, a representação gráfica é o tendão de Aquiles das marcas olfactivas, na medida em que o sinal olfactivo só permite uma representação *mediata*, particularmente dificultada pela inexistência de um descritor comum unanimemente reconhecido. Alguma doutrina sugere a representação gráfica dos odores através da descrição verbal, avaliação sensorial, cromatografia gasosa, cromatografia líquida de alto rendimento, espectrometria de massas, ressonância magnética nuclear ou espectroscopia de infravermelhos e ultra violeta. Apesar destas alternativas, a descrição verbal parece ser, para outros, a forma de representação mais satisfatória, se bem que varie consoante a fragrância seja, ou não, complexa; satisfatória para as fragrâncias simples é, pela sua imprecisão, insuficiente para as complexas que necessitarão de esclarecimentos por via do procedimento cromatográfico.

O requisito material exige ao sinal a aptidão para ser percebido pelo público, como meio de individualização dos produtos ou serviços de determinado operador económico face aos dos demais. Mas também a distintividade, especialmente nas marcas olfactivas, suscita significativas divergências doutrinárias ao nível da acessibilidade e percepção do produto/serviço olfactivo, da distinção entre produtos naturalmente não-odoríferos dos odoríferos, da publicidade, do *secondary meaning* e do risco de confusão e contrafacção entre aromas (e respectivos meios de prova).

No entanto, sem embargo do reconhecimento das dificuldades da representação gráfica e da distintividade dos sinais olfactivos, alguns ordenamentos jurídicos aceitam expressamente as marcas olfactivas. A evolução nesse sentido tem contudo, sido muito tímida pelo que a aparente sofisticação dos ordenamentos jurídicos que aceitam sinais olfactivos ainda é, como se analisa, não a regra mas a excepção.

Fora da União Europeia, o caso da Austrália e dos Estados Unidos merece destaque, dado tratar-se de um exemplo onde os sinais olfactivos têm merecido atenção; também no Canadá, o registo de marcas olfactivas, embora inexistente, tem suscitado muito interesse na doutrina. No caso concreto da Austrália, a doutrina questiona-se sobre o futuro das marcas olfactivas uma vez que, embora pedidas, ainda não conheceram o registo por falta do preenchimento do requisito formal. Os Estados Unidos, embora receptivos quanto ao registo de marcas olfactivas, são muito prudentes na consagração do mesmo, daí que a maior parte das marcas olfactivas norte-americanas conheça apenas o *Supplemental* e não o *Principal Register*.

Na União Europeia, a marca olfactiva é um caso muito peculiar. Se, por um lado, se encontram registadas duas marcas olfactivas num dos Estados-membros e uma no *Instituto de Harmonização do Mercado Interno,* por outro, a prática dos *Offices* – nacionais e comunitário – a doutrina e a jurisprudência têm-se mostrado particularmente prudentes na admissibilidade do registo de sinais olfactivos. Neste âmbito, merecem destaque o Reino Unido, a França e a primeira, e única, marca olfactiva comunitária.

É o Reino Unido o único Estado-membro com o registo de marcas olfactivas: mas, apesar dos princípios seguidos pelo *Registry* e pela jurisprudência, não existe um teste concreto para que um sinal olfactivo possa ser registado como marca, pelo que o seu futuro permanece incerto. Até hoje foram publicadas cinco marcas olfactivas (apresentadas como figurativas) no *Boletim Oficial da Propriedade Industrial* Francês; contudo nenhuma das marcas conheceu o sucesso do registo. A questão tem sido particularmente debatida neste Estado-membro, onde o forte incremento do sinal olfactivo em experiências de *marketing sensorial*, contrasta com a doutrina que, paulatinamente, se vai uniformizando no sentido de negar o registo de sinais olfactivos, gustativos e tácteis.

Em 1996, deu entrada no *Instituto de Harmonização do Mercado Interno* o primeiro pedido de marca olfactiva que, depois da recusa em sede de exame e reexame, acabou por ser concedida pela 2.ª Câmara de Recurso. Desde então, novas marcas olfactivas deram entrada em Alicante mas as formas utilizadas na sua representação gráfica não convenceram nem os examinadores, nem as Câmaras de Recurso e nem o *Tribunal de Primeira Instância das Comunidades Europeias*.

Sem embargo do *"aroma de erva recentemente cortada"*, a recusa do registo de sinais olfactivos tem sido tradição no *Instituto de Harmonização do Mercado Interno*. Apesar da uniformidade das decisões dos examinadores, as Câmaras de Recurso encontraram diferenças quanto ao preenchimento do requisito da representação gráfica que apenas a primeira marca parece ter preenchido. Para as Câmaras de Alicante, desde que o aroma registando seja conhecido e desde que a descrição verbal lida atentamente pelo público lhe seja familiar, parece desnecessária uma outra forma de representação gráfica; contudo, a doutrina reconhece que a jurisprudência comunitária segue num sentido diferente, *"autoritário"*, apontando como exemplo o acórdão Sieckmann.

Ralf Sieckmann, apresentou no Instituto Alemão um pedido de registo, como marca olfactiva, do aroma da substância química pura *cianato de metilo* graficamente representada pela descrição verbal, fórmula química e uma amostra do odor, o qual foi recusado por falta de representação gráfica. Do indeferimento coube recurso para o *Bundespatentsgericht* que, perante a dúvida quanto à susceptibilidade de um sinal olfactivo ser graficamente representável de acordo com a Directiva Comunitária, levou a questão ao *Tribunal de Justiça das Comunidades Europeias.* Segundo este, tudo a que se propõe a registo como marca só é possível se a sua representação gráfica for clara, precisa, completa, facilmente acessível, inteligível, duradoura, inequívoca e objectiva. Afastou a descrição verbal, a fórmula química e a apresentação de uma amostra, isolada ou conjuntamente, como meios de representação gráfica de sinais olfactivos levando ao fracasso a sua registabilidade.

Os reflexos do acórdão do *Tribunal de Justiça das Comunidades Europeias* sentiram-se em todo o mundo e criticam a inflexibilidade da decisão e as suas consequências no futuro dos sinais olfactivos. A questão é unânime: quais são as formas que podem representar graficamente um odor?

RESENHA HISTÓRICA

A marca na sua génese sempre foi um elemento distintivo. Ainda longe de consagração legal, já na antiguidade, apensa aos instrumentos de caça, tinha como objectivo distinguir, no sentido de demarcar a propriedade desses instrumentos. Foi no antigo Egipto que se pensa terem nascido as primeiras marcas com o significado, para além do de propriedade, de marca de fabrico[1], resultado da assinatura impressa nas peças de cerâmica.

No antigo regime, a actividade do artesão encontrava-se condicionada pelos regulamentos corporativos que uniformizavam a produção e restringiam a concorrência. O comércio era essencialmente local e limitado à região do estabelecimento comercial. As marcas eram conhecidas mas o seu cariz eminentemente corporativo tornava-as instrumentos de polícia com vista ao respeito pelos regulamentos de fabrico e à manutenção dos privilégios da corporação; a marca individual do artesão não tinha como fim a divulgação do seu trabalho mas antes a conformidade deste aos comandos corporativos o que, por si só, garantia qualidade.

A segunda metade do século XVIII é o apogeu do comércio e da indústria para muitos países bem como a era da criatividade artística, da inovação científica e da revolução política. É durante o iluminismo que alguns países estabelecem os primeiros sistemas de patentes[2]. No século XIX, com a revolução industrial, a marca assume

---

[1] Tal como adverte ANTOINE BRAUN, no museu greco-romano de Alexandria, existem exemplos importantes das marcas apensadas em peças de olaria, dentre os quais se destacam os nomes dos próprios artesãos ou determinados emblemas, tais como rosas, folhas ou punhais (*Précis des Marques*, 2004, Larcier).

[2] A primeira lei de patentes, em França, que protegia os direitos dos inventores, foi decretada em 1791, depois da Revolução Francesa e da Declaração dos Direitos do Homem

o significado próximo do actual. Com a produção em massa, resultado do desenvolvimento da técnica e da concentração do capital, dá-se a proliferação dos mercados restando ao produtor, através da marca, estabelecer uma ligação directa entre si e o consumidor. Assim, na transposição do século XIX para o XX, assinala-se nos países palco da revolução industrial, o surgimento de um elevado número de marcas protegidas pelos *corpus* legislativos criados, entretanto, para o efeito[3].

O significado de marca sofreu ao longo do tempo diversas definições, mas actualmente o conceito tornou-se claro e praticamente uniforme no mundo; nota-se, em relação ao significado *clássico,* um subtil desprendimento da marca relativamente à entidade empresarial – pelo facto de poder ser objecto de cessão ou de concessão de licenças de exploração – e um reforço da protecção operado pelo registo e pela exclusividade de uso atribuída ao titular.

O actual contexto uniforme da marca resultou dos esforços multilaterais operados pela comunidade internacional que, face à mobilização internacional incrementada entre 1750 e 1870 com a evolução dos meios de transporte e das telecomunicações, considerou oportuno disciplinar a propriedade industrial em termos supranacionais. No final do século XIX, os factores potenciadores da mobilização internacional levaram à industrialização em larga escala, à emergência de governos centralizados mais fortes e a um forte nacionalismo, que geraram a consciência da necessidade de um regime de protecção industrial.

Em suma, foi graças à força centrípeta da comunidade internacional que se definiram as directrizes de propriedade industrial comuns a uma pluralidade de países e que mais tarde seriam ponto de referência a um novo regime supranacional mitigado, a União Europeia.

---

e do Cidadão. Em 1788, nos Estados Unidos da América, a Constituição estabelecia explicitamente as patentes e a protecção de invenções concedendo direitos de exclusividade aos inventores. De qualquer forma, a Lei Veneziana de 1474 é frequentemente referida como a primeira aproximação à protecção de invenções sob a forma de patente.

[3] É na segunda metade do século XIX que nascem na europa os primeiros blocos legislativos sobre as marcas, mais concretamente, em França (1857), na Grã-Bretanha (1862), em Itália (1868), na Alemanha (1874) e na Bélgica (1879).

PARTE I

ENQUADRAMENTO INTERNACIONAL E COMUNITÁRIO

A. O Regime Supranacional da Marca

Introdução

As primeiras referências a um regime supranacional em matéria de direitos industriais, ocorreram em 1873 no Congresso de Viena e tomaram corpo no Congresso de Trocádero de 1878, no qual se definiram os princípios sobre os quais se alicerçaria uma União com vista à protecção internacional da propriedade industrial. Das duas alternativas possíveis – entre definir um regime unitário de direitos industriais substitutivo dos regimes nacionais ou permitir a continuação destes, criando-se um conjunto de regras uniformes definidoras dos direitos dos estrangeiros noutros territórios – optou-se pela segunda. A decisão coube às 11 nações representadas no Congresso de Paris cujos trabalhos, desde 1880 até 1883, levaram à aprovação da *Convenção da União de Paris*, matriz do regime internacional da propriedade industrial que seria objecto de diversas revisões[4].

Em 1891, o regime formulado pela *Convenção de Paris* foi completado pelo *Acordo de Madrid,* relativo ao Registo Internacional de Marcas, em 1957 pelo *Acordo de Nice* relativo à Classificação Internacional de Produtos e de Serviços e, em 1989, pelo *Protocolo referente ao Acordo de Madrid*[5].

---

[4] As revisões da Convenção da União de Paris ocorreram em 1900 (Bruxelas), em 1911 (Washington), em 1925 (Haia, com importantes alterações no regime inicialmente definido), em 1934 (Londres – onde se acordou no princípio da independência da marca, sob reserva da protecção da marca *"telle quelle"*), em 1958 (Lisboa – onde se desenvolveu o princípio da independência da marca) e 1967 (Estocolmo).

[5] A *Convenção da União de Paris* foi objecto de revisão, em 1967, pela Conferência de Estocolmo a qual operou alterações de índole meramente administrativa.

1. A Convenção da União de Paris (1883)

A *Convenção da União de Paris* (a seguir CUP) é um Tratado Multilateral[6] que instituiu uma União para a protecção da propriedade industrial[7], assente num regime de coexistência com os ordenamentos jurídicos internos dos Estados signatários, designados por *países unionistas*[8].

Como primeiro instrumento de harmonização supranacional em matéria de propriedade industrial, até então só conseguida pela celebração de Tratados Comerciais de Amizade e de Navegação, a *Convenção* edificou um regime assente em três princípios fundamentais:

a) O primeiro respeita ao *princípio da equiparação do estrangeiro ao nacional*, plasmado no art. 2.º, segundo o qual os nacionais[9], singulares ou colectivos, dos *países unionistas* gozam no território da União dos mesmos direitos que as legislações internas de propriedade industrial concedem aos respectivos nacionais, desde que observadas as formalidades e condições[10] exigidas para o pedido e registo da marca. A aplicação subjectiva da *Convenção* assenta num de três laços: o do estabelecimento, o do domicílio e o da nacionalidade, tendo qualquer um deles de se verificar num *país unionista*.

---

[6] Embora, dado os seus contornos, ROUBIER, a considere não tanto um tratado multilateral, mas sim um acto colectivo assente numa ideia de justiça distributiva, segundo a qual os benefícios de que gozam os membros da União são fixados pelo acto colectivo que está na sua base, podendo não haver qualquer ideia de reciprocidade como acontece com os Tratados Multilaterais, assentes numa ideia de reciprocidade. Referência de ANTOINE BRAUN, *Précis des Marques*, Larcier, 2004, p. 663.

[7] Que *lato sensu*, abrange invenções, marcas, desenhos e modelos industriais, modelos de utilidade, nomes comerciais, indicações geográficas e também a repressão da concorrência desleal.

[8] Que compreendiam, desde que houvesse uma declaração da metrópole nesse sentido, colónias, protectorados, territórios sob mandato, autoridade ou soberania. Actualmente os países unionistas são 169 e encontram-se expressos no site da OMPI, em http://www.wipo.int/treaties

[9] Aos quais são equiparados, como resulta do disposto no art. 3.º da *Convenção da União*, os nacionais dos países terceiros que se encontrem domiciliados ou que possuam estabelecimentos industriais ou comerciais efectivos, e não fictícios, no território de países unionistas.

[10] Entendam-se, entre outras, as imposições legislativas internas quando à exploração da marca, à constituição de mandatário e ao pagamento de taxas.

Nenhuma legislação interna pode condicionar a *equiparação* exigindo nomeadamente, alguma condição de domicílio ou estabelecimento, sem embargo das disposições nacionais processuais judiciais e administrativas, o que segundo ANTOINE BRAUN[11] não deixa de ser uma discriminação entre os nacionais e os estrangeiros.

b) O segundo respeita ao *direito de prioridade,* estatuído no art. 4.º C.1, e significa que um primeiro pedido de protecção de uma das modalidades de propriedade industrial objecto da CUP regularmente feito num dos *países unionistas*, confere ao requerente, dentro de um determinado prazo[12], o direito de requerer a mesma protecção no território de outro *país unionista*, reivindicando a data de apresentação do primeiro pedido. Isto significa que a União garante ao titular um direito de prioridade nascido com o primeiro pedido onde quer que este, dentro do *território unionista*, seja feito. Protege-se assim o requerente de eventuais terceiros usurpadores que, no lapso de tempo entre o primeiro pedido e os restantes nos outros territórios, requeiram protecção de direitos que colidam com o apresentado em primeiro lugar; pela protecção conferida pelo direito de prioridade, o requerente não tem de requerer a protecção simultânea em vários países unionistas, podendo fazê-lo dentro do prazo fixado com a segurança que lhe é conferida *ad initio* com o primeiro pedido.

c) O terceiro respeita ao *princípio da independência,* disposto no art. 6.º da CUP, segundo o qual o registo nacional de marcas, e a protecção que lhes é atribuída nos restantes *territórios unionistas*, está exclusivamente dependente das condições exigidas pelas respectivas legislações internas. Assim, nenhum pedido de registo de uma marca já depositada num dos *territórios unionistas* pode ser recusado e nenhum registo pode ser anulado pelo facto do pedido, do registo ou da sua renovação, ter fracassado no país de origem. Esta regra

---

[11] ANTOINE BRAUN, *Précis des Marques*, Larcier, 2004, p. 704.

[12] Doze meses para os *brevets* e modelos de utilidade e seis meses para os desenhos e modelos industriais e para as marcas, como resulta do disposto no art. 4.º C 1.

resulta precisamente deste princípio, ou seja, uma vez registada a marca no país de origem, ela torna-se independente dos outros registos nos *territórios unionistas* designados; da mesma forma, a sua extinção num deles não a implica nos restantes.

No âmbito deste princípio, cumpre assinalar o art. 6.º *quinquies* que, ao configurar uma situação excepcional[13], merece destaque.

Como sublinha Bodenhausen[14], as regras normais da CUP vindas do art. 6.º, ditam que os *países unionistas* determinam as condições de depósito e de registo das marcas, de acordo com as respectivas legislações. Contudo, na sua génese, este sistema não tinha em conta, por um lado eventuais diferenças que pudessem existir entre as legislações nacionais relativas ao registo de marcas e por outro, o interesse dos titulares e do público em que a marca fosse aplicada aos mesmos produtos nos diferentes *países unionistas*. Com efeito, as diferenças entre as legislações nacionais impediriam a aplicação uniforme da mesma marca aos mesmos produtos, na medida em que a legislação de certos países poderia, ao contrário da dos restantes, aceitar determinado tipo de sinais.

Para minimizar a influência destas diferenças no registo de marcas, o art. 6.º *quinquies* estatuiu o princípio de que uma marca regularmente registada no país de origem seja admitida e protegida *telle quelle* nos outros *países unionistas*, sem embargo de certas excepções. A aplicação do art. 6.º *quinquies* tem efeito directo, sendo invocada nos casos excepcionais em que a legislação nacional não permite o registo de uma marca já registada no país de origem. Nestes casos, o titular pode prevalecer-se do registo e mais do que reivindicar o princípio do tratamento nacional, exigir a aplicação desta norma. Esta prerrogativa estatuída na CUP, que em rigor representa uma excepção ao princípio do limite territorial da marca, tornou-se imperativa em virtude do desenvolvimento do comércio internacional e do sucesso das relações internacionais, sendo conhecida como a marca internacional *"telle quelle"*.

---

[13] Paul Mathély, *Le Nouveau Droit Français des Marques*, Éditions J.N.A. 1994 p. 407 ss.

[14] G.H.C. Bodenhausen, *Guide D'application de la Convention de Paris pour la Protection de la Propriété Industrielle, telle que revisée a Stockholm en 1967*, Bureaux Internationaux réunis pour la protection de la Propriété Intellectuelle, 1969.

Em suma, e resultado do art. 6.º *quinquies,* uma vez registada num dos *países unionistas,* a marca será em princípio[15] admitida no território dos restantes membros, porque a regularidade do registo no país de origem é condição bastante para a sua vigência em todo o território da União, resolvendo-se desta forma eventuais divergências quanto à sua aptidão para ser marca face às exigências dos *Offices* nacionais.

O mecanismo estatuído pelo art. 6.º *quinquies* harmonizou internacionalmente a marca na medida em que, uma vez registada no respectivo país de origem, continua formal e materialmente a ser regulada pela legislação da sua origem, escapando aos formalismos dos países de acolhimento relativos às configurações dos sinais. Daqui resulta ainda que, como o evidencia ANTOINE BRAUN, em muitos casos, o estrangeiro possa ser privilegiado em *países unionistas* de acolhimento em comparação aos nacionais.

Apesar de ter sido a primeira fonte supranacional em matéria de propriedade industrial, a *Convenção* não se prestou à definição de nenhuma das modalidades a que se aplica, nomeadamente de marca. Contudo, embora não a defina expressamente, dos números 1 e 2 da alínea B) do art. 6.º *quinquies* resulta, pelo menos, uma delimitação dos seus contornos; com efeito, resulta da disposição, a recusa de marcas: a) desprovidas de distintividade[16], para cuja apreciação se têm em consideração todas as circunstâncias de facto nomeadamente

---

[15] Diz-se em princípio porque, como medida de precaução, a alínea B) do art. 6.º *quinquies* salvaguarda a possibilidade de o registo ser recusado, nomeadamente quando a marca não for distintiva, for susceptível de ferir a moral ou a ordem pública ou de enganar o público. Note-se, contudo, que a apreciação da susceptibilidade da marca ser, ou não, distintiva é feita, nos países unionistas de acolhimento, exclusivamente em função das considerações de facto e não de direito. Além disso, e por razões de combate à concorrência desleal, os Estados contratantes podem recusar o registo e interditar o uso de uma marca que seja susceptível de gerar confusão com uma marca que no Estado de acolhimento seja notória, e da titularidade de um dos beneficiários da Convenção, e que assinale produtos idênticos ou similares. Da mesma forma, a recusa do registo nos restantes Estados contratantes deve operar quando o sinal for composto, ilegitimamente, por armas, bandeiras ou outros emblemas de Estado, distintivos ou sinetes oficiais de fiscalização e de garantia, ou qualquer imitação do ponto de vista heráldico.

[16] Trata-se dos sinais essencialmente inaptos a serem marcas, de acordo com a sua natureza e independentemente do produto que visam proteger.

a duração do seu uso[17]; b) exclusivamente descritivas ou usuais, isto é, compostas por sinais ou indicações[18] que possam servir no comércio para designar a espécie, a qualidade, a quantidade, o destino, o valor, o lugar de origem dos produtos ou a época da produção, ou que se tenham tornado usuais na linguagem corrente ou nos hábitos leais e constantes do comércio; c) contrárias à moral ou à ordem pública[19] ou deceptivas, isto é, susceptíveis de enganar o público.

A importância do art. 6.° *quinquies* não se limitou à moldura da *Convenção* e prova-o o facto de nele ter sido inspirado o art. 7.° do Regulamento da marca comunitária[20].

Em suma, a CUP foi o primeiro instrumento a conferir, ao titular de uma marca, protecção supranacional. Contudo, para que o titular da marca gozasse dessa protecção era obrigado a fazer o pedido de registo em cada um dos países da União, tarefa árdua e extremamente onerosa. Foi precisamente esta situação que o *Acordo de Madrid* procurou resolver, através de um conjunto de disposições que assegurasse ao titular, com um só pedido a protecção da sua marca nos países signatários do *Acordo* e por ele designados.

2. O Registo Internacional (Acordo de Madrid de 1891 e o Protocolo de Madrid de 1989).

O verdadeiro princípio do registo internacional de marcas foi referido pela primeira vez na Conferência de Roma de 1886 mas só encontrou *corpus iuris* 5 anos mais tarde, na Conferência de

---

[17] A duração do uso da marca torna-se, assim, particularmente importante na medida em que pode, em sinais não distintivos, ser aferidora da distintividade em falta (a marca, pelo tempo, torna-se caraterizadora dos produtos que protege).

[18] Não é necessário que esses sinais digam directamente respeito ao produto, sendo suficiente que respeitem ao uso que dele é feito.

[19] Salvaguardando-se, contudo, que não se consideram ofensivas da moral ou da ordem pública, as marcas que infrinjam as disposições das legislações nacionais sobre marcas, salvo as legislações que respeitem à ordem pública, como resulta do n.° 3, *in fine*, da alínea B) do artigo 6.° *quinquies*.

[20] RUTH ANNAND e HELEN NORMAN, *Guide to the Community Trade Mark,* Blackstone Press Limited, 1998, p.32.

Madrid[21] donde resultou o *Acordo de Madrid* (a seguir *Acordo*) que conta actualmente com 56 membros[22].

A uniformização que se esperava obter não foi, contudo, ausente de dificuldades. Como salienta TERENCE PRIME[23] o *Acordo*, além de oferecer uma solução limitada a apenas alguns dos problemas relativos ás marcas nacionais num mundo que assentava no comércio transnacional, não contava com a adesão de importantes jurisdições, como os Estados Unidos da América[24] e outras que, mais tarde, seriam Estados-membros da Comunidade Económica Europeia[25].

Os movimentos da Comunidade Europeia para estabelecer a marca comunitária, pressionaram a *Organização Mundial da Propriedade Intelectual* (a seguir OMPI), a criar um instrumento internacional suficientemente atractivo para as jurisdições que permaneciam fora do *Acordo*; o objectivo era incrementar uma sólida relação comercial entre a Comunidade Europeia e a realidade definida em Madrid. A solução encontrou-se com o *"Protocolo relativo ao Acordo de Madrid"* (a seguir *Protocolo*), assinado em Junho de 1989 e em vigor desde 1 de Dezembro de 1995, que prevê efeitos recíprocos entre o *Acordo* e a Comunidade Europeia.

O *Protocolo* conta com 67 Estados[26] (nomeadamente o conjunto dos Estados-membros da União Europeia e a Comunidade Europeia em si mesmo considerada[27]) e juntamente com o *Acordo*, constitui o conhecido *Sistema da União de Madrid* administrado pela OMPI.

A instituição do *Sistema da União de Madrid* não ficou aquém dos motivos que estiveram na sua origem; com efeito, simplificou os pedidos de marcas internacionais. Da complexidade instituída pela

---

[21] Tal como a *Convenção da União de Paris, o Acordo de Madrid* foi objecto de diversas revisões nas já citadas conferências de Bruxelas, Washington, Haia, Londres, Nice e Estocolmo.

[22] Que se encontram expressos no site da OMPI, em http://www.wipo.int/treaties.

[23] TERENCE PRIME, *European Intellectual Property Law*, Ashgate Dartmouth p. 82 ss.

[24] Que aderiram ao Protocolo em 2 de Novembro de 2003.

[25] Foi o caso da Dinamarca, Grécia, Irlanda e Reino Unido.

[26] Que se encontram expressos no site da OMPI, em http://www.wipo.int/treaties.

[27] Decisão do Conselho que aprova a adesão da CE ao *Protocolo referente ao Acordo de Madrid* relativo ao Registo Internacional de Marcas, aprovado em Madrid em 27 de Junho de 1989: Decisão 793/2003/CE de 22 de Outubro de 2003, JO n.º L 296 de 14/11/12003 p. 0020-0021.

Convenção (que implicava tantos pedidos consoante o número de partes designadas, redigidos em tantas línguas consoante as dessas partes, com o pagamento de tantas taxas consoante o número de partes) o *Sistema da União de Madrid*[28] desburocratizou os bastidores dos pedidos, das renovações e modificações de marcas internacionais, que se passaram a formalizar num só pedido, redigido numa só língua, com a designação imediata dos países signatários onde a protecção seja pretendida.

Os benefícios do *Sistema* notaram-se igualmente ao nível dos *Offices* de destino que passaram a receber as notificações dos pedidos já perfeitamente regularizadas, nomeadamente em termos da complexa Classificação dos produtos e serviços assinalados pela marca.

O registo internacional é basicamente um depósito do pedido de marca *internacional* feito na OMPI seguido da notificação aos países signatários, onde o titular pretende proteger a sua marca. O pedido é em seguida analisado pelos *Offices* de destino, como se de um pedido nacional se tratasse, que seguem a respectiva legislação interna respeitando um limite temporal[29]. Depois de efectuado, o registo internacional está dependente do nacional durante cinco anos[30] findos os quais se autonomiza, ou seja, a marca internacional liberta-se da de base ficando a sua vigência apenas condicionada a uma renovação decenal.

Para ANTOINE BRAUN[31] em rigor, o registo internacional não corresponde ao aparecimento de uma nova marca. Com efeito, ao

---

[28] Cujo campo subjectivo de aplicação é em tudo semelhante ao disposto na *Convenção* (tal como acontece com a *Convenção*, o *Sistema da União de Madrid* só pode ser usado por sujeitos, singulares ou colectivos, estabelecidos, domiciliados ou nacionais de Países membros); a aplicação subjectiva estende-se ainda aos que tenham um estabelecimento ou estejam domiciliados, ou que sejam naturais de um Estado membro de uma Organização inter-governamental que seja parte do *Protocolo*.

[29] Com efeito, e de acordo com o expresso no art. 5.º do *Acordo de Madrid*, o pedido de registo de marca não pode ser recusado se, entre a notificação do pedido e o despacho de recusa, tiverem decorrido mais de doze meses, ou seja, decorrido um ano a contar da data de notificação, o país notificado não pode recusar o pedido de registo da marca internacional.

[30] Durante esse período, se a marca cessar no país de origem, por radiação voluntária, por decisão do *Office*, por decisão judicial ou por falta de renovação, cessará também nas restantes partes contratantes onde tenha sido registada.

[31] ANTOINE BRAUN, ob. cit., p. 772.

estar absolutamente dependente do registo[32] da marca no *Office* de origem, o registo internacional apenas estende a sua protecção às outras partes contratantes designadas pelo titular.

Como se referiu, por *Sistema da União de Madrid* entende-se o regime estatuído pelo *Acordo* e pelo *Protocolo*; comparado com o *Acordo*, o *Protocolo* trouxe as seguintes inovações:

a) o pedido de registo internacional depende apenas do pedido de registo da marca no *Office* de origem (enquanto que o *Acordo* fá-lo depender do registo efectivo da marca de base);

b) um Estado signatário pode, no caso de oposição, recusar a protecção da marca num prazo que vai até dezoito meses (enquanto que o *Acordo* exige expressamente que a recusa se faça num prazo máximo de doze meses);

c) as taxas dos *Offices* dos contratantes do *Protocolo* são mais elevadas;

d) um registo internacional cancelado, a requerimento do *Office* de origem, pode ser transformado em pedidos de marca nacional, salvaguardando-se para efeitos de prioridade a data do registo internacional (no *Acordo* esta situação não está prevista);

e) finalmente, prevê o estabelecimento de estreitos laços entre o *Sistema Internacional* do registo de marcas e a Comunidade Europeia. Com efeito, desde que a Comunidade Europeia se tornou parte do *Protocolo*, tornou-se possível apresentar um pedido de registo internacional a partir de um pedido feito em Alicante designando-se a Comunidade Europeia no seu todo.

O *Protocolo relativo ao Acordo* tem uma importância fundamental na relação da marca internacional com a comunitária na medida em que, foi graças ao conteúdo do art. 14.º do *Protocolo,* que se previu a adesão de Organizações Intergovernamentais, num regime de equiparação com os Estados Contratantes, para efeitos de integração no *Sistema da União de Madrid,* desde que:

---

[32] No caso de se tratar de membro do *Acordo* pois se se tratar de um país membro do *Protocolo,* o mero depósito do pedido de registo no *Office* de origem já é suficiente.

30   *A Marca Olfactiva*

a) um dos Estados Membros da Organização fosse parte da *Convenção de Paris*;

b) a Organização tivesse um *Office* regional destinado ao registo de marcas no seu território.

Ora, a Comunidade Europeia com alguns Estados-membros já partes contratantes da *Convenção*, preenchia a primeira condição exigida pelo art. 14.º. Quanto à segunda, satisfê-la com o *Instituto de Harmonização do Mercado Interno* (a seguir OHMI) com competências, entre outras, ao nível do registo da marca comunitária, por aplicação do Regulamento (CE) n.º 40 do Conselho de 20 de Dezembro de 1993[33] (a seguir RMC).

Em suma, o mecanismo do *Protocolo* permitiu a participação da Comunidade Europeia no *Sistema da União de Madrid*, concedendo o estatuto de registo internacional à marca comunitária e removendo os aspectos que afastavam a adesão dos Estados-membros ao *Acordo*.

Contudo, tal como aconteceu com a *Convenção*, em nenhum dos instrumentos do *Sistema da União de Madrid* resulta explícita uma definição de marca uniforme aos Estados signatários.

3. Tratado sobre o Direito de Marcas (1994)[34].

Com vista a facilitar os sistemas de registo de marcas nacionais e regionais, a partir da simplificação e harmonização dos procedimentos e de uma formalização registral mais fiável – para os titulares e respectivos mandatários – foi aprovado em 1994 o *Tratado sobre o Direito de Marcas* (a seguir TDM). A maior parte das suas disposições são procedimentais, definindo regras que delimitam o que um *Office* pode exigir aos requerentes de um registo e que estatuem um procedimento composto por 3 fases: a) pedido[35]; b) alterações[36]; e c) renovação[37] decenal.

---

[33] ALBERTO CASADO CERVIÑO, *Marca y Diseño Comunitario, in Propriedade Industrial, Teoria y Práctica*, Editorial Centro de Estudios Ramóm Areces, S.A., 2001, P. 328.

[34] Texto disponível em http://www.wipo.int/treaties/fr/ip/tlt/summary_tlt.html

[35] Cujas regras se encontram estipuladas do art. 3.º ao 9.º

O aspecto mais relevante do TDM, e que por isso merece destaque, é que embora não defina o que a comunidade internacional deva entender por marca, estatui expressamente no n.º 1 do art. 2.º, a sua aplicação apenas às marcas constituídas por sinais visíveis; desta forma afasta, a par dos hologramas, todos os sinais não visíveis, particularmente os sonoros e os olfactivos. É assim que, evitando uma definição supranacional de marca, o TDM afasta do registo os sinais não convencionais.

Contudo, revendo o TDM e ampliando o seu campo de aplicação, o recente Tratado de Singapura[38] excluiu a restrição prevista no TDM, consagrando a recepção de marcas constituídas por sinais não perceptíveis pela visão.

4. Acordo sobre os Aspectos dos Direitos de Propriedade Intelectual relacionados com o Comércio – *TRIP'S*[39].

Foi com o objectivo de se reduzirem distorções e entraves ao comércio internacional, no âmbito da *Organização Mundial do Comércio* (a seguir OMC), e pela necessidade de se protegerem eficazmente os direitos de propriedade intelectual, que se concluiu em 1994 em Marraquexe um quadro multilateral[40] de princípios, regras e disciplinas designado por TRIP'S[41].

Desse quadro resulta uma cooperação internacional com vista, por um lado, à eliminação no comércio mundial de mercadorias que prejudiquem os direitos de propriedade intelectual (combate-se veementemente o comércio de mercadorias de contrafacção e de *pirataria*

---

[36] Nomeadamente do nome ou da morada do titular, bem como as mudanças de titulares, previstas do art.º 10.º ao 12.º.

[37] Prevista no art. 13.º

[38] De Março de 2006, adoptado por mais de 40 Estados.

[39] Texto do Acordo TRIP'S encontra-se publicado no JOCE n.º L 336 de 23 de Dezembro de 1994, p. 213 ss.

[40] Exercido graças ao apoio mútuo entre a OMC, a OMPI e outras Organizações Internacionais.

[41] Integrando o Uruguay Round na renegociação do GATT em 1994, o qual estabeleceu a OMC, o Acordo TRIP'S entrou em vigor em 1 de Janeiro de 1995.

32 *A Marca Olfactiva*

que ofendam direitos de autor) e por outro, ao fomento de troca de informações e de cooperação entre autoridades aduaneiras.

O TRIP'S assume, como assinala RICCARDO LUZZATO, um interesse particular não tanto por inserir a matéria da propriedade intelectual no âmbito do interesse e da competência da OMC, mas antes por apresentar aspectos originais, nomeadamente a consagração, a) do princípio do tratamento nacional e o da nação mais favorecida e, b) do elenco de objectivos e princípios protectores dos direitos de propriedade industrial[42].

À marca dedica a secção 2 da Parte II[43], dando no n.º 1 do art. 15.º, sob a epígrafe *"Objecto da protecção"*, uma implícita noção de marca. Foi o Acordo TRIP'S o primeiro instrumento internacional a avançar uma noção de marca considerando-a *"todo o sinal, ou toda a combinação de sinais, próprio a distinguir os produtos ou os serviços de uma empresa dos de outras empresas (...)"*. Depois de apresentar um elenco dos elementos que podem constituir o sinal, o n.º 1 do art. 15.º *in fine* consagra explicitamente a possibilidade de Estados membros poderem exigir, como condição do registo, que os sinais sejam visualmente perceptíveis, o que não deixa de indiciar a admissibilidade de sinais não perceptíveis visualmente, como oportunamente adverte NGUYEN NHU QUYNH[44].

5. O direito comunitário de marcas

Desde a criação da Comunidade Económica Europeia, realça-o AMÉRICO DA SILVA CARVALHO[45], o verdadeiro espírito da marca como

---

[42] RICARDO LUZZATO, *Proprietà Intellettuale e Diritto Internazionale*, in *Studi di Diritto Industriale in Onore di Adriano Vanzetti*, 2004, p. 895 ss.

[43] Além da marca, são objecto do TRIP'S os Direitos de Autor e direitos conexos (art. 9.º ss), as Indicações Geográficas (art. 22.º ss), os Desenhos ou Modelos (art. 25.º ss), as Patentes (art. 27.º ss) os esquemas de configuração (topográficos) de circuitos integrados (art. 35.º ss) a Protecção de informações não divulgadas (art. 39.º ss) e a Protecção de práticas anti-concorrenciais nas licenças contratuais (art. 40.º).

[44] NGUYEN NHU QUYNH, *Special Trade Marks – Legislation and the Situation in the European Community,* Field, Intellectual Property Rights Law, 2002.

[45] AMÉRICO DA SILVA CARVALHO, *Marca Comunitária – Os Motivos Absolutos e Relativos de Recusa,* Coimbra Editora, 1999, p. 13.

Enquadramento Internacional e Comunitário   33

sinal distintivo de produtos e serviços foi sempre relegado para segundo plano pela jurisprudência do *Tribunal de Justiça das Comunidades Europeias* (a seguir TJCE) que, em nome do princípio da livre circulação de mercadorias, aplicou frequentemente, a questões de propriedade industrial, os arts. 85.° e 86.° do *Tratado de Roma* (a seguir TR) destinados ao regime da concorrência.

À medida que a União Aduaneira evoluiu para o Mercado Único, a desarmonia dos direitos de propriedade industrial no espaço comunitário tornou-se particularmente evidente[46]. No caso concreto das marcas, o nascimento da nova unidade económica territorial clamava por um regime que permitisse às empresas identificar de uma forma idêntica os seus produtos e serviços em toda a Comunidade, ampliando-se consequentemente o princípio do limite territorial da marca.

Como refere BRYAN HARRIS[47], os anos que mediaram o aparecimento da Comunidade Económica Europeia e a entrada em vigor do primeiro acto comunitário de harmonização em matéria de marcas, demonstraram existir claras divergências legais entre os regimes nacionais de propriedade industrial e o regime comunitário relativo à livre circulação de mercadorias. Essas divergências eram notórias ao nível da interpretação de determinados conceitos, tais como *"semelhança"* e *"risco de confusão"*. Na realidade, não foram poucos os casos em que os Estados-membros, através das normas internas em matéria de marcas, se salvaguardavam das "importações" feitas entre si por alegados infractores. Mesmo no caso em que a aplicação dessas normas era legítima, não deixava de ser um obstáculo à livre circulação de mercadorias. Chamado a pronunciar-se sobre este género de situações[48], o TJCE foi extremamente prudente defenden-

---

[46] Foi em 1961 que os trabalhos das Comunidades para a elaboração de um sistema de marcas se iniciaram, graças a uma iniciativa conjunta dos Estados-membros, da Comissão e do Grupo de trabalho sobre Marcas que, para o efeito, foi criado em 1959. Os resultados dos trabalhos do Grupo concluiram-se em 1964 com a apresentação do Anteprojecto de Convénio de Marca Europeia, no qual se assinalava o caminho que deveria ser seguido para se materializarem os objectivos uniformes em matéria de marcas.

[47] BRYAN HARRIS, *Intellectual Property Law in the European Union*, William S. Hein & Compagny, 2005.

[48] Ac. do TJCE, de 13 de Julho de 1966, Processo 56/64 *«Consten & Grundig v Comissão»*, in CJTJ 1996, p. 429 e Ac. do TJCE de 16 de Junho de 1965, Processo 58/64 *«Consten & Grundig v Comissão»*, in CJTJ 1996, p. 559 a propósito da marca *«Gint»*.

34   *A Marca Olfactiva*

do que a então CEE, ao manter intocáveis as disposições legais nacionais relativas às marcas, originava divergências quanto à sua aplicação; um pouco mais tarde reafirma veementemente[49] que essa situação criava sérios obstáculos à livre circulação de mercadorias e consequentemente afectava a eficiência das normas comunitárias em matéria de concorrência.

Com efeito, estas situações eram claramente opostas ao princípio da livre circulação de mercadorias, égide da existência da Comunidade Europeia. Aliás, era o próprio art. 36.°[50] do TR a salvaguardar que as regras relativas à proibição das restrições quantitativas entre os Estados-membros e medidas de efeito equivalente, se aplicavam sem embargo das proibições ou restrições á importação, exportação ou trânsito que protegessem nomeadamente a propriedade industrial. Nestes termos, a natureza territorial dos direitos de propriedade industrial podia constituir um obstáculo legítimo à livre circulação de mercadorias.

A consciência de que a lacuna de harmonização potenciaria desequilíbrios e desigualdades entre os Estados-membros e afectaria significativamente a livre circulação de mercadorias, impulsionou as Comunidades Europeias para uma política de desenvolvimento normativo dos direitos de propriedade industrial. Aliás, como sublinha SYLVIE JOUNIOT[51], a Comissão já em 1976 reconhecera a função de interesse geral desempenhado pela marca e que o silêncio legislativo comunitário, em matéria de propriedade industrial, prejudicava seriamente os consumidores e fabricantes. Foi dentro deste espírito que apareceram normas comunitárias que previam e estatuíam regras específicas no campo da propriedade industrial, mais concretamente no sector das marcas; a tarefa não foi contudo fácil.

Assim, a implementação do regime comunitário da marca assenta, como ensina COUTO GONÇALVES, em 3 momentos:

---

[49] Caso 40/70 (Sirena Srl contra Eda BmbH) a propósito da marca «Prep».

[50] Actual art. 30.° TCE.

[51] SYLVIE JOUNIOT, *Souhaits de Longue Vie à la Nouvelle Étoile de la Propriété Industrielle: la Marque Communautaire est Née (1er Partie)* in Europe, Revue Mensuelle, n.° 3, Março de 1994.

- o primeiro, respeita à jurisprudência do TJCE que começou por garantir que a livre circulação de mercadorias não sacrificasse os interesses dos titulares dos bens industriais;
- já num segundo momento, a insuficiência da via jurisprudencial demonstrou que só os instrumentos legislativos poderiam garantir a harmonia entre a livre circulação de mercadorias e o regime de propriedade industrial (foi a fase da aprovação da Primeira Directiva sobre Marcas de 1988);
- Finalmente o terceiro momento, abriu as portas à adopção do instrumento uniformizador por excelência, o regulamento[52].

a) *A Directiva 89/104/CEE do Conselho de 21 de Dezembro de 1988*[53]

Em 1991 a 1.ª Directiva do Conselho (a seguir Directiva), com vista à harmonização das legislações dos Estados-membros em matéria de marcas, entrou em vigor e, tal como se podia esperar, tinha em vista conciliar os regimes nacionais com as aspirações da Comunidade[54]. Parece certo que – já o previa claramente o 3.º considerando da Directiva – a imposição do regime comunitário foi suave, tendo-se considerado desnecessária uma aproximação total das legislações dos Estados-membros; o alvo foram as disposições nacionais com forte incidência no funcionamento do mercado interno. Assim, a Directiva centrou-se, como realçam BRYAN HARRIS e MARIA VELAYOS MARTÍNEZ[55], nas matérias relativas ao pedido e ao registo de marcas, aos sinais susceptíveis de constituírem marcas, aos motivos de recusa e de declaração de invalidade, aos direitos conferidos e respectivos efeitos, à licença, aos efeitos de aquiescência no uso, à obrigação do uso, aos fundamentos de revogação e ao regime das marcas colectivas, de certificação e de garantia.

---

[52] Luís COUTO GONÇALVES, *A Protecção da Marca,* SI, Tomo LI, n.º 294, 2002, p. 545 ss.

[53] Directiva 89/104/CEE do Conselho de 21 de Dezembro de 1988, JOCE n.º L 40/1 de 11 de Fevereiro de 1989.

[54] ROBIN JACOB, *Kerly's Law of Trade Marks and Trade Names* (2005) § 1-004.

[55] MARIA VELAYOS MARTINEZ, *El Processo Ante los Tribunales de Marcas Comunitarias Españoles,* Tomson Aranzadi, 2004.

Aos Estados-membros foi respeitada a esfera – como resulta aliás do considerando 5.º da Directiva – de liberdade das exigências processuais relativas ao registo, da caducidade, da declaração de nulidade de marcas adquiridas pelo registo, da susceptibilidade de invocação de direitos anteriores e da determinação dos efeitos de caducidade e da nulidade das marcas.

Assim, é pelo facto de se ter respeitado o ordenamento interno dos Estados-membros[56], vinculados na transposição apenas ao resultado a alcançar, independentemente da forma e dos meios utilizados[57], que BEIER fala numa harmonização parcial que impulsionou mais tarde a modernização e europeização de um *corpus iuris* em matéria de marcas.

Um dos aspectos mais significativos da Directiva, em contraste com os diplomas internacionais anteriores, é o facto de se tratar do primeiro instrumento internacional – mitigado – a "definir" exaustiva, mas não taxativamente, no art. 2.º marca como:

> *"Todos os sinais que possam ser objecto de representação gráfica, nomeadamente palavras, incluindo nomes de pessoas, desenhos, letras, números, a forma do produto ou da respectiva embalagem, na condição de que tais sinais sejam adequados a distinguir os produtos ou serviços de uma empresa dos de outras empresas".*

Em bom rigor, para SIR ROBIN JACOB, não resulta deste preceito tanto uma noção de marca como uma indicação aos Estados-membros relativamente aos sinais que podem constituir marcas, ou seja, o art. limita-se a definir os requisitos de uma marca e a relatar o que é suposto uma marca fazer – indicar a origem dos bens ou serviços e distingui-los dos demais. Em suma, a disposição limita-se implicitamente a referir a função básica da marca[58]. E, acrescenta o autor, o termo *"possam"* no introito do preceito, nem chega a ser permissivo para a determinação do seu conteúdo e alcance porque indica, concreta e delimitadamente, os sinais apresentáveis a registo.

---

[56] LEWIS LEE e J. SCOTT DAVIDSON, *Intellectual Property for the Internet*, Wiley Law Publications, 1997, p. 219.

[57] Art. 249.º TCE (ex-art. 189.º).

[58] *KERLY'S Law of Trade Marks and Trade Names*, Ob. Ci. § 2-017

Dado o elevado interesse da definição para o presente estudo, ser-lhe-á dedicada atenção especial mais à frente.

A partir da entrada em vigor da Directiva, e tal como era expectável, várias questões se levantaram quando à interpretação das suas disposições, nomeadamente ao nível dos conceitos de *"semelhança e confusão entre sinais"*, ao conteúdo do *"esgotamento de direitos"* e à *"revogação da marca"*. Para dar resposta, e na qualidade de *maxime* intérprete das disposições comunitárias, o TJCE foi diversas vezes chamado a pronunciar-se[59]. Contudo, a interpretação dos conceitos não foi totalmente "delegada" no órgão supremo da magistratura comunitária, na medida em que o considerando 6.º da Directiva não afastava a aplicação das disposições internas, nomeadamente as relativas à concorrência desleal.

A prática mostrou no entanto que a Directiva não seria suficiente para a consolidação de um regime comunitário de marcas pois, tal como os trabalhos preparatórios haviam previsto, as divergências entre as legislações dos Estados-membros eram muito significativas. A necessidade de um instrumento legislativo comunitário uniforme e de aplicabilidade directa era evidente.

b) *O Regulamento n.º 40/94 do Conselho de 20 de Dezembro de 1993[60] – O nascimento da Marca Comunitária.*

A adopção do Regulamento sobre a marca comunitária (a seguir RMC), é testemunha viva dos intensos trabalhos nascidos em 1961, cujas dificuldades só foram resolvidas no Conselho de Assuntos Gerais da União Europeia de 6 de Dezembro de 1993, onde se preparou a sua adopção definitiva[61].

---

[59] Ac. do TJCE, de 11 de Novembro de 1997, Processo C-251/95 *«Sabel Bc contra Puma Ag»*, in CJTJ 1997, p. II - 6214; Ac.do TJCE de 29 de Setembro de 1998, Processo C-39/97 *«Canon Kabushiki Kaisha contra Metro-Goldwyn-Mayer Inc»* in CJTJ, 1998, p. I-5536. *KERLY'S Law of Trade Marks and Trade Names*, Ob. Ci., § 2-017.

[60] Regulamento n.º 40/94 do Conselho de 20/12/1993, JO n.º L 11 de 14/01/1994.

[61] Aperfeiçoado pelos seguintes Regulamentos: Regulamento (CE) n.º 2868/95 da Comissão, de 13 de Dezembro de 1995, que define as regras de execução do Regulamento n.º 40/94 (JOCE n.º L 303 de 15.12.1995); Regulamento (CE) n.º 2869/95 da Comissão, de

Em 1 de Abril de 1996, entrou em vigor um novo sistema que permitiu aos nacionais e às empresas de todo o mundo proteger as suas marcas no conjunto dos Estados-membros; a vantagem é clara na medida em que, através de um só pedido, redigido em apenas uma língua, apresentado num só *Office*, pagando-se uma única taxa (fixada numa só moeda), é possível obter protecção em 27 Estados-membros, dispensando-se assim tantos pedidos, redigidos em tantas línguas, depositados em tantos *Offices*, e pagas tantas taxas em tantas moedas diferentes, consoante o número de Países onde se pretende registar uma marca.

Uma vez efectuado o registo da marca comunitária[62], a vigência é garantida por um prazo de 10 anos a contar da data do pedido, o qual é renovável sucessivamente por iguais períodos[63]. A acrescentar ao elenco de vantagens, há ainda o facto da obrigatoriedade de uso se satisfazer quando a marca é usada num ponto qualquer dentro da UE, não sendo necessário que o respectivo titular apresente provas de uso em cada Estado-membro.

b.1) *Os princípios da Marca Comunitária instituídos pelo RMC*

O sistema da marca comunitária baseia-se em três princípios fundamentais: o da unidade, o da autonomia e o da coexistência.

1.º – No que respeita ao *princípio da unidade*, o sistema da marca comunitária permite registá-la em todo o território comunitário, através de um só pedido feito num só *Office*[64], ao qual compete recebê-la, examiná-la, concede-la e renová-la. Todas as vicissitudes que a marca sofrer, nomeadamente renúncia, caducidade e nulidade, produzem efeitos homogéneos em todo o território da Comunidade.

---

13 de Dezembro de 1995, que estatui as taxas do OHMI (JOCE n.º L 303 de 15.12.1995); Regulamento (CE) n.º 216/96 da Comissão, de 5 de Fevereiro de 1996, que estabelece as normas processuais das Câmaras de Recurso do OHMI (JOCE n.º L. 28 de 06.02.1996). Regulamento (CE) n.º 1992/2003 do Conselho de 27/Outubro (JOCE n.º 296 de 14.11.03).

[62] Art. 6.º RMC

[63] Art. 46.º RMC

[64] Art. 1.º RMC. Todas as informações sobre o *Office* comunitário, estão disponíveis em http://www.oami.eu.int.

2.º – Quanto ao segundo princípio, o da *autonomia*, a marca comunitária é totalmente independente das legislações nacionais dos Estados-membros. Assim e à semelhança do que acontece com as nacionais, a marca comunitária goza de um corpo legislativo que além de a definir, estatui os elementos materiais e formais que a edificam.

3.º – Finalmente, quanto ao terceiro princípio, o da *coexistência*, a marca comunitária não substitui nem o sistema de registo nacional, nem o internacional. O objectivo da marca comunitária é o de coexistir e de se coordenar com aqueles. Daqui resulta que as marcas nacionais anteriores às comunitárias podem impedir o registo destas[65], bem como uma marca comunitária anterior pode impedir o registo de uma nacional, seja em que Estado-membro for, em nome do princípio da unicidade.

Em suma, do elenco normativo do RMC resultou um sistema de direitos de propriedade industrial que, sob o título de marca comunitária, garante às marcas protecção unitária em todo o espaço da UE, com um centro administrativo sediado em Alicante[66].

Assim, de um sistema de registo de marcas que, à data de início dos trabalhos da CEE, se resumia à nacional e à internacional, evoluiu-se para uma marca de um cariz supranacional regional que, com base num só pedido, garante protecção eficaz em 27 Estados-membros. A par da força económica inerente à criação da marca comunitária, está uma força iminentemente política, pois trata-se de um título de propriedade industrial unitário na Comunidade e reconhecido nas relações internacionais, e graças ao qual a Comunidade pode ser parte nos Tratados da OMPI, nomeadamente no *Protocolo* e no TDM.

---

[65] Art. 8.º RMC.

[66] O OHMI criado pelo art. 2.º do RMC tem como função primordial, a concessão da marca comunitária. É um organismo dotado de autonomia jurídica e financeira, com um Presidente e dois Vice-Presidentes. Foi em 1 de Abril de 1996, que se receberam em Alicante os primeiros pedidos de registo de marcas comunitárias. Quanto às línguas oficiais do OHMI, não são tantas como as da UE. Com efeito, sem prejuízo do pedido de marca poder ser feito em qualquer uma das línguas oficiais da UE, certo é que os procedimentos internos no *Office* são conduzidos essencialmente em alemão, espanhol, francês, inglês e italiano, sem prejuízo de poder ser usada outra língua quando o requerente o requisitar ou, em caso de litígio, quando as partes intervenientes o acordarem.

No que respeita à noção de marca, o RMC recebe no art. 4.º o texto que a Directiva acolheu no art. 2.º

6. Relação do Registo Internacional com a Marca Comunitária[67]

A adesão da Comunidade Europeia ao *Protocolo*, depois de sete anos de intensas negociações em parte devido ao problema das línguas e da cláusula *«opting back»*[68], permitiu criar um estreito laço entre o sistema de registo internacional e a marca comunitária[69]. De facto desde 1 de Outubro de 2004,

a) um pedido ou um registo de marca comunitária passou a poder servir de base a um pedido de registo internacional – *protecção que pode ser efectivada em 62 países* – bem como,

b) um pedido de marca internacional passou a poder designar a Comunidade Europeia – *protecção em 27 Estados-membros.*

Em ambos os casos, as notificações dos pedidos são feitas por via electrónica, pelo OHMI ou pela OMPI, consoante se tratem de pedidos de registo comunitário ou internacional, o que representa uma significativa vantagem em termos de custos e formalidades administrativas.

Algumas especificidades merecem destaque, nomeadamente o facto de o registo internacional prevalecer sobre o comunitário por um lado, quando entre os sinais das marcas, e respectivos produtos e/

---

[67] Informações detalhadas podem ser obtidas em http://oami.europa.eu/fr/mark/ madrid/default.htm. Para mais informações ver G.F. KUNZE, *The Madrid System and the Community Trade Mark, in European Community Trade Mark, Commentary to the European Community Regulations*, Kluwer Law International, 1997, p. 243 ss.

[68] Cláusula que permite a transformação de uma designação da Comunidade Europeia num pedido internacional, num pedido de marca nacional ou em designações dos Estados-membros do *Protocolo.*

[69] Para mais informações ver G.F. KUNZE, *The Madrid System and the Community Trade Mark in European Community Trade Mark – Commentary to the European Community Regulations*, Kluwer Law International, 1997, P. 243 ss. Informações pertinentes também em EMMANUEL GERNIGON, *L'Adhésion de la Communauté Européenne et des États-Unis d'Amérique au Protocole de Madrid*, 2003, disponível em http:// www.legalbiznext.com/droit/L-adhesion-de-la-Communaute

ou serviços designados, existir total identidade e por outro, quando existir total identidade de titulares (neste caso, o registo internacional substitui o comunitário). Trata-se de uma forma, como destaca ALBERTO CERVIÑO[70], de se evitar uma dupla inscrição da mesma marca em dois registos distintos.

B. A Marca Comunitária em Especial

Por marcas comunitárias entendem-se[71] as marcas de produtos e serviços registadas[72] de acordo com as disposições do RMC e que produzem efeitos em todo o território da Comunidade[73].

Podem ser registados, como tal[74], todos os sinais susceptíveis de:

– Representação gráfica, tais como palavras, nomes de pessoas, letras, algarismos e forma do produto;
– Desde que adequados a distinguir os produtos ou serviços de uma empresa dos de outras.

São três as condições, sublinhadas por ULRICH HILDEBRANDT[75], a serem satisfeitas: a primeira é ser um sinal, a segunda é ser graficamente representável e a terceira é ser distintivo.

A definição de marca, se é que de uma verdadeira definição se trata[76], vinda da Directiva e mantida pelo RMC não foi meramente ocasional. Como realça AREAN LALÍN[77], foi a maneira encontrada pela

---

[70] ALBERTO CERVIÑO, ob. cit., p. 328.

[71] Art. 1.º RMC.

[72] Art. 6.º RMC que explicitamente refere o princípio do registo atributivo na marca comunitária.

[73] N.º 2 do Art. 1.º do RMC.

[74] Art. 4.º RMC, cujo conteúdo encontra total identidade no art. 2.º da DM.

[75] ULRICH HILDEBRANDT, *Harmonised Trade Mark Law in Europe – Case Law of the European Court of Justice*, Carl Heymanns Verlag, 2005 p. 21

[76] Como anteriormente se referiu, nos § 2-017 e 2-018 da *KERLY'S Law of Trade Marks and Trade Names*, SIR ROBIN JACOB explicitamente afasta a ideia de se tratar de uma definição de marca; trata-se antes de uma mera indicação, limitada, das configurações que os sinais registandos podem assumir para serem apresentados pelos Estados-membros no OHMI.

[77] AREAN LALÍN, *Signos que Puden Constituir una Marca Comunitaria, in Comentarios A Los Reglamentos Sobre La Marca Comunitaria*, 2000, La Ley, Articulo 4.

Comunidade Europeia de assegurar uma realidade ampla, elástica e susceptível de se adaptar a novos sinais que surgissem no mercado; da generalidade a definição passa, por razões de clareza e segurança jurídicas, à enumeração dos elementos que possam configurar sinais. Aliás, numa Comunicação datada de 19 de Novembro de 1980, a Comissão referiu expressamente que nenhum sinal estaria automaticamente excluído do registo como marca comunitária, apresentando--se apenas uma lista não exaustiva dos mais frequentes, de forma a simplificar-se a harmonização dos procedimentos administrativos e jurisdicionais nacionais e a encorajar os requerentes ao registo de marcas comunitárias[78].

Relativamente ao alcance da noção de marca expressa no RMC, LUTZ SCHIMDT[79] considera que o efeito de liberdade que parece dali resultar pode não ser tão substancial como aparentemente defende parte da doutrina, na medida em que pelos elementos primaciais da definição – *representação gráfica e distintividade* – se excluem significativamente uma série de sinais.

Na análise do contexto normativo comunitário dos sinais susceptíveis de serem marcas, ERIC GASTINEL e MARK MILFORD[80] agrupam--nos em marcas nominativas, figurativas, compostas, sonoras, olfactivas, gustativas e tácteis.

No âmbito das nominativas estão palavras usuais e fantasiosas, nomes de pessoas, abreviaturas, frases, números, letras, onomatopeias e slogans. Figurativas, podem ser desenhos, fotografias, cores, símbolos e formas de produtos ou a respectiva embalagem (marca tridimensional). Quanto às compostas, trata-se de sinais que resultam da união de vários elementos, nomeadamente nominativos e figurativos. Quanto aos restantes tipos de marcas, embora não expressas no art. 4.º do RMC, resultam de uma interpretação extensiva do preceito; desta forma, incluem-se no seu campo de aplicação os novos conceitos de marcas, nomeadamente as sonoras, compostas por sons, ruídos

---

[78] COM (80) 635, *in fine*, de 19 de Novembro de 1980, *Boletim das Comunidades Europeias*, Suplemento 5/80.

[79] LUTZ G. SCHIMDT, *Definition of a Trade Mark by the European Trade Marks Regime – A Theoretical Exercise?* IRIPCL, n.º 6/1999, Vol. 30, p. 38 ss.

[80] ERIC GASTINEL e MARK MILFORD, *The Legal Aspects of the Community Trade Mark*, Kluwer Law International, 2001.

Enquadramento Internacional e Comunitário

ou toques, e as olfactivas, gustativas e tácteis que assentam respectivamente em odores, sabores e matérias palpáveis[81].

Como se pode observar, um sinal pode ser constituído por uma multiplicidade de elementos[82] e a liberdade deixada à imaginação do titular é indeterminável. Contudo, a liberdade da aptidão dessa extensa imaginação é condicionada por dois requisitos imprescindíveis – a *representação gráfica*, requisito objectivo formal[83] da marca, e a *distintividade*, requisito objectivo material[84] –. Na falta de um deles, o sinal não é susceptível de gozar do estatuto de marca e é imediatamente subsumido nos motivos absolutos de recusa de registo[85,86] os quais se distinguem dos relativos, como PABLO ALLARD[87] evidencia, em função do interesse público ou privado que estiver na base da recusa. Oficiosamente[88], os examinadores de Alicante apreciam a existência dos motivos absolutos de recusa, estando dependentes[89], quanto à apreciação dos relativos, da intervenção de terceiros, titulares de marcas anteriores[90] que se oponham[91] ao pedido da registanda.

No que respeita aos requisitos formal e material, o disposto na alínea a) do n.º 1 do art. 7.º do RMC, estatui a recusa do registo quando os sinais não estejam em conformidade com o art. 4.º, entenda-se, quando não sejam susceptíveis de representação gráfica ou

---

[81] No mesmo sentido, ULRICH HILDEBRANDT, ob. cit., p. 21.

[82] Numa interessante comparação, AREAN LALÍN, compara o termo "sinal" do RMC para definir marca, com a definição da lei espanhola que utiliza, na definição "sinal ou meio". Como realça o autor, a lei espanhola pretendeu com a definição, evitar que a palavra "sinal" induzisse em erro a recepção como marca de caracteres representados apenas pela forma escrita ou impressa. AREAN LALÍN, ob. cit.

[83] FRANCO BENUSSI, *Il Marchio Comunitario*, Giuffrè Editore, 1996. p. 27. No mesmo sentido, LUIS ARCALÁ, *Las causas de Denegacion de Registro de la Marca Comunitaria*, Triant lo Blanch, Valencia, 2001, p. 120.

[84] LUIS ARCALÁ, ob. cit., p. 122.

[85] Que se encontram previstos no art. 7.º e 8.º, respectivamente, do RMC.

[86] AREAN LALÍN, ob. cit.

[87] PABLO MORENILLA ALLARD, *La Protección Jurisdiccional de la Marca Comunitaria*, Editorial Codex, 1999.

[88] Art. 38.º RMC.

[89] Art. 41.º RMC.

[90] Quanto às marcas consideradas anteriores, vêm expressas no n.º 2 do art. 8.º RMC.

[91] No prazo de três meses a contar da publicação do pedido da marca comunitária (Art. 42.º RMC)

46   *A Marca Olfactiva*

não sejam distintivos. Em seguida analisam-se sumariamente estes requisitos cuja importância, para o presente estudo, é deveras significativa.

1. A representação gráfica

O sinal deve ser objecto de representação gráfica para efeitos de exame, de publicação e de consulta pública. No interesse do público em geral e dos titulares de marcas anteriores, que possam entrar em rota de colisão com as registandas, deve ser perceptível o que está a ser protegido e em que termos, ou seja, é necessária uma imagem claramente definida da marca[92] de acordo com o princípio da não discrepância entre esta e a sua representação[93]. Assim, a representação gráfica corresponde à forma como o sinal pode ser registado e publicado[94], visto que tem de ser escrito e lido[95], requerendo que o alcance exacto da marca em si mesma possa ser clara e inequivocamente averiguado, através da "declaração" do seu "representante", ou seja, através *da base papel*[96]. Também DEBRETT LYONS[97] fala em expressão pela via escrita, graficamente desenhada (através de um diagrama que represente uma conexão matemática ou química).

As marcas nominativas, figurativas ou mistas, conhecidas como marcas tradicionais, e as tridimensionais, não levantam nenhum problema de representação gráfica[98]. Um pedido de um sinal deste tipo, pode ser reproduzido, nomeadamente, por letras maiúsculas e minúsculas, números e sinais de pontuação mecanográficos[99]. Ao contrário,

---

[92] TERENCE PRIME, *European Intellectual Property Law*, Ahsgate, Dartmouth, 2000, p. 88.

[93] LUTZ SCHIMDT, *Definition of a Trade Mark by the European Trade Marks Regime – A Theoretical Exercise?* IRIPCL, 6/1999, Vol. 30, p. 740/741.

[94] Para conhecimento minucioso da forma de representação admitida por Alicante para sinais convencionais e não convencionais, *vide* RUTH E. ANNAND e HELLEN E. NORMAN, *Guide do the Community Trade Mark*, Blackstone Press Limited, p. 26 ss.

[95] PAUL MATHÉLY, *Le Nouveau Droit des Marques*, RJC, 1995, 1, p. 46.

[96] LUTZ SCHIMDT, ob. cit., p. 742.

[97] DEBRETT LYONS, *Sounds, Smells and Signs*, EIPR, 1994, 16, p. 540 ss.

[98] CARLOS OLAVO, *Propriedade Industrial, Volume I, Sinais Distintivos do Comércio, Concorrência Desleal*, Almedina, 2005, p. 80.

[99] AREAN LALIN, ob. cit.

como realça Carlos Olavo, os sinais compostos exclusivamente por cores, aromas, sons, hologramas e movimentos, conhecidos por sinais não tradicionais ou não convencionais, já apresentam sérios problemas de representação, na medida em que não são visualmente perceptíveis. No mesmo sentido, Ruth Annand e Helen Norman[100]. Lutz Schmidt embora refira que qualquer sinal, incluindo o táctil e o gustativo, possa ser graficamente representado mais que não seja pela descrição verbal, se outra via não for possível, reconhece que essa perspectiva ampla esvaziaria de conteúdo o requisito formal do sinal. Foi precisamente para evitar esvaziar de conteúdo a representação gráfica, que o legislador exige aos sinais não tradicionais algo mais do que a sua descrição verbal, algo que exerça a objectividade, o alcance exacto, do sinal em si mesmo[101].

A equiparação da representação gráfica à percepção visual é criticada por Luís Arcalá, que defende que toda a representação reproduz aquilo que é representado, permitindo a sua posterior apreensão; contudo, da representação ao que é efectivamente representado, vai uma grande distância. Segundo este autor, é possível representar graficamente todas e quaisquer percepções, não somente as visuais, na medida em que aquilo que é representado não tem que ser percebido da mesma forma, bastando para tal um código de sinais de referência préestabelecido. Como exemplo, Arcalá aponta o pentagrama, forma de representação gráfica de sinais sonoros, que reproduz um som, algo que é não é perceptível pela visão.[102]

Lutz Schmidt aponta que o problema dos sinais não tradicionais reside no facto de também eles estarem submetidos ao princípio da não discrepância, o que exige obrigatoriamente a criação de registos específicos, nomeadamente pela via informática, que implicam elevados custos. Foi devido, por um lado, aos custos e por outro, à expectativa de que os sinais continuem maioritariamente tradicionais, que os legisladores, pelo conceito vago da representação gráfica, permitiram a recepção de pedidos de sinais não convencionais, cujo contexto é puramente técnico, desde que pela representação gráfica do sinal seja revelado o seu exacto alcance.

---

[100] Ruth Annand e Helen Norman, ob. cit.

[101] Lutz Schimdt, ob. cit. p. 741.

[102] Luis Arcalá, *Las causas de Denegacion de Registro de la Marca Comunitaria*, Triant lo Blanch, Valencia, 2001, p. 120.

O problema que a representação gráfica dos sinais não convencionais traria à ordem jurídica comunitária, não era desconhecido da Comissão, que na Comunicação de 1980, já referida, deixava aos tribunais nacionais, ao OHMI e ao TJCE, a definição dos termos em que tais sinais poderiam vir a ser registados como marcas comunitárias.

Foi nesse *laissez-faire* permitido pela Comissão que, como mais adiante se desenvolverá, o TJCE[103] se pronunciou no sentido de que os sinais não convencionais podem ser representados graficamente, desde que o sejam de uma forma clara, precisa, completa, facilmente acessível, inteligível, duradoura e objectiva.

Ensina COUTO GONÇALVES[104], que o OHMI se tornou mais permissivo do que o TJCE ao propor que o requisito da representação gráfica assentasse não tanto numa representação gráfica em si mesmo considerada, mas mais numa descrição gráfica verbal. A proposta de Alicante foi pronunciada na apreciação do extenso processo de concessão da única marca olfactiva registada na União Europeia, que será mais tarde desenvolvida.

2. A distintividade

A par da representação gráfica, o RMC exige um teste de distintividade considerado por RUTH ANNAND e HELEN NORMAN[105] um verdadeiro teste de validade do sinal, como se retira das consequências da sua falta com a queda imediata na teia dos motivos absolutos de recusa.

A distintividade corresponde à *função essencial* da marca, a par das outras funções que a caracterizam, como a de garantia de qualidade dos produtos e serviços *(função derivada)* e a publicitária *(função complementar)*[106].

---

[103] Ac. do TJCE de 12 de Dezembro de 2002 «*Caso Sieckmann*» in CJTE, 2002, p. 1 – 11737., que será particularmente analisado no presente estudo.

[104] LUIS COUTO GONÇALVES, *Direito de Marcas*, 2003, p. 70.

[105] RUTH ANNAND e HELLEN NORMAN cit.

[106] Para mais desenvolvimentos sobre as funções da marca, ver LUIS COUTO GONÇALVES, *Função Distintiva da Marca*, 1999 e *Direito de Marcas*, 2003, p. 19 ss; AMÉRICO DA SILVA CARVALHO, *Direito de Marcas*, 2002, Coimbra Editora, p. 105 ss; OLIVEIRA ASCENÇÃO,

A capacidade distintiva do sinal reside, como sublinha Lutz Schmidt, na sua aptidão para ser percebido pelo público como meio de individualização dos bens ou serviços de determinado operador económico face aos dos demais.

O significado do requisito material não permaneceu o mesmo desde a sua consagração jurídica. Com efeito, o conceito de "distintividade" não assume actualmente os mesmos contornos que assumiu no passado, daí que se fale numa concepção tradicional por oposição a uma moderna.

Tradicionalmente, a distintividade do sinal correspondia à sua idoneidade para distinguir a origem empresarial dos produtos e/ou dos serviços que assinalava e, ainda hoje, parte da doutrina a perfilha, nomeadamente Carlos Olavo[107], Luís Arcalá[108], María Llobregat[109] e mesmo a DM[110].

Peter Jaffey[111], prosélito da corrente tradicionalista, define *marca distintiva* como a que se tornou conhecida junto dos consumidores, traduzindo um modo específico de fabrico de um produto; o consumidor afere que uma só pessoa controla o uso da marca garantindo--lhe que o produto assume as qualidades caracterizadoras da marca. Daqui resulta a relação com o saber fazer do empresário, o incremento da sua reputação comercial e a atracção de novos consumidores. O resultado é o desdobramento da função distintiva em *função meio* e *função fim*, como forma de identificação de produtos ou serviços e

---

As funções da Marca e os Descritores (Metatags) na Internet, in EDC, 2002, 4, p. 99 ss; Vincenzo di Cataldo, *Il Segni Distintivi*, 2.ª ed, Giuffrè Editore, 1993, p. 19 ss; Carlos Olavo, *Propriedade Industrial*, Vol I, Almedina, 2005, p. 73 ss; Stefano Sandri, *Natura e Funzione del Marchio: Dal Segno/Marchio al Marchio/Segno nella Giurisprudenza Comunitaria, in Studi di Diritto Industriale in Onori di Adriano Vanzetti*, Tomo II, Giufré Editore, Milão, 2004, p. 1377 ss.

[107] Carlos Olavo, ob. cit.

[108] Luís Arcalá ob. cit., p. 122.

[109] María Luisa Llobregat, *Caracterizacíon Jurídica De Las Marcas Olfativas Como Problema Abierto*, RDM, 1998, n.º 227, P. 54.

[110] Como resulta do 10.º considerando que parcialmente se transcreve *"Considerando que a protecção conferida pela marca registada, cujo objectivo consiste nomeadamente em garantir a função de origem da marca, é absoluta em caso identidade entre a marca e o sinal e entre os produtos ou serviços; (...)"*.

[111] Peter Jaffey, *The New European Trade Marks Regime*, IIC, Vol. 28, N.º 2, 1997, p. 153.

50 *A Marca Olfactiva*

distinção da origem empresarial, que se pressupunha ser sempre a mesma, explicada por Couto Gonçalves[112].

O surgimento da transmissão autónoma da marca, da licença de marca e da marca de grupo, modificou a concepção tradicional redimensionando-se, nas palavras de Couto Gonçalves, o conceito de distintividade que graças à pluralidade de operadores económicos intervenientes, passou a ter em consideração as situações em que o produto tenha uma origem empresarial com vínculos juridico-económicos de continuidade com a origem-mãe.

Por essa razão Couto Gonçalves propõe uma definição ampla de distintividade, defendendo que a marca para além de indicar que os produtos ou serviços provêm sempre da mesma empresa (ou outra sucessora com elementos de continuidade com a anterior, ou ainda, outra que mantenha com a empresa mãe relações juridico-económicas actuais), indica fundamentalmente que esses produtos e/ou serviços se reportam a um sujeito que assume o ónus pelo seu uso não enga-noso[113].

3. A falta de representação gráfica e a falta de distintividade
Motivos absolutos de recusa

Como assinala Fernández-Nóvoa, do quadro das proibições absolutas as mais relevantes[114] são as relativas aos sinais insusceptíveis de

---

[112] Luis Couto Gonçalves, *A Função Distintiva das Marcas*, Almedina, 1999.

[113] Idem, p. 24.

[114] São outros motivos absolutos de recusa: a) Determinadas formas tridimensionais; b) Sinais contrários à ordem pública ou aos bons costumes {A extensão comunitária do que seja um conceito de ordem pública e de bons costumes, deve ser entendida, segundo Fernández-Nóvoa, como o conjunto de princípios jurídicos, políticos e económicos admitidos em todos os Estados-membros num determinado momento. Para se aferir da contradição de um sinal à ordem pública, o autor citado propõe que: 1.º) se analise a estrutura denominativa ou gráfica do sinal, na medida em que nalguns sinais a sua imediata percepção já, por si só, é susceptível de causar ofensa; 2.º) subsunção do sinal nos respectivos produtos ou serviços (esta subsunção tem particular significado no caso de imagens ou símbolos religiosos, na medida em que a sua utilização é perfeitamente admissível, como o autor exemplifica, para publicações de artigos religiosos ou produtos destinados ao culto); 3.º) sobre o carácter imoral de uma marca, pode ter influência a sensibilidade média do consumidor de acordo com a relação entre o sinal e os produtos ou serviços, tornando-se a

Enquadramento Internacional e Comunitário 51

constituírem uma marca, nomeadamente os não graficamente representáveis, os com falta de eficácia distintiva, os descritivos[115] e os

proibição mais sensível, e consequentemente, mais impositiva, quando todos os sectores da população tiverem acesso ao sinal}; c) Sinais susceptíveis de enganar o público - a marca, ao proporcionar informação sobre a origem empresarial, e qualidade, dos produtos ou serviços, não pode ser susceptível de prestar informações erróneas pois tal colide directamente com o seu próprio fim, por isso, a mera susceptibilidade de ocorrência do engano já justifica a recusa do registo {Assim, como assinala, a título exemplificativo, a alínea g) do n.º 1 do art. 7.º RMC, deve recusar-se o registo de sinais que possam enganar o público sobre a natureza, a qualidade ou a proveniência geográfica dos produtos e/ou dos serviços. Para se averiguar da existência da possibilidade de engano, FERNÁNDEZ-NÓVOA aconselha um método assente em duas plataformas: uma objectiva, assente na relação entre o sinal e os produtos e/ou serviços que assinala, e uma subjectiva, assente na averiguação se o sinal registando é, ou não, enganoso. Contudo, AMÉRICO DA SILVA CARVALHO salvaguarda a protecção dos sinais que, embora potencialmente enganosos, sejam meramente sugestivos}; d) sinais compostos por símbolos oficiais; e) sinais compostos por indicações de proveniência geográfica de vinhos e bebidas espirituosas. Para mais desenvolvimentos sobre os motivos absolutos de recusa, ver FERNÁNDEZ-NÓVOA ob. cit., p. 211 ss; AMÉRICO DA SILVA CARVALHO, ob. cit.; JEREMY PHILIPS, *Trade Mark Law – A Practical Anatomy*, Oxford University Press, 2003.

[115] A proibição dos sinais com perfil exclusivamente descritivo está explicitamente indicada na alínea c) do n.º 1 do art. 3.º da Directiva que encontra correspondência na alínea c) do n.º 1 do art. 7.º do RMC.

MATHÉLY define-os como sendo os sinais que indicam ou evocam o objecto em causa, na sua natureza, nas suas propriedades ou nas suas qualidades. Como refere FERNÁNDEZ--NÓVOA, a proibição destes sinais justifica-se não só pela sua falta de distintividade ao indicarem expressamente as características e as propriedades dos produtos e/ou dos serviços que assinalam, como pela necessidade concreta, em nome da lealdade da concorrência, de se manterem de livre uso no mercado por todos aqueles que operem no mesmo sector. Na apreciação da exclusividade descritiva do sinal, o referido autor alerta para um critério de temporalidade, não se devendo ter apenas em consideração, no presente, os indícios concretos e razoáveis de que o sinal é tendencialmente descritivo, como se deve atender às condições, no futuro, resultantes da livre disponibilidade desse sinal no mercado. Cumpre, contudo, referir que ao lado dos *sinais descritivos* – que informam directamente o consumidor/utilizador das características do produto ou do serviço –, existem os *sinais sugestivos* – que informam indirectamente o consumidor/utilizador dessas características, obrigando-o a um esforço intelectual ou imaginativo. A consequência prática da coexistência destes sinais é a de que, enquanto que os descritivos, em princípio, não são registados como marcas, salvaguardando-se o mecanismo facultado pelo n.º 3 do art. 7.º RMC, os sugestivos são potencialmente registáveis como sinais distintivos do comércio, embora sejam, na opinião de AMÉRICO DA SILVA CARVALHO, marcas fracas. Em suma, marcas descritivas são as exclusivamente compostas por sinais ou indicações que possam servir no comércio para designar: – a espécie, a qualidade, a quantidade, o destino, o valor; – a proveniência geográfica; – a época de fabrico do produto ou da prestação do serviço; – outras características dos mesmos.

usuais[116]. A necessidade de recusa de marcas com um destes perfis, prende-se com a questão de se assegurar a liberdade de concorrência e de se protegerem os operadores económicos em geral, da apropriação dos sinais que devem, pela sua natureza, permanecer na disponibilidade de todos eles.

3.1. *Os sinais que não são graficamente representáveis*

Tratam-se de sinais cuja protecção a título de marca comunitária é expressamente vedada pela alínea a) do n.º 1 do art. 3.º da Directiva e pela alínea a) do n.º 1 do art. 7.º RMC, aplicáveis indiscriminadamente a todo o tipo de marcas[117]. Como anteriormente foi referido, trata-se de um requisito formal que exige aos requerentes a designação clara da sua marca. Em questão está não só o interesse público geral mas o interesse dos terceiros directamente afectados, nomeadamente titulares de marcas anteriores, pessoas interessadas na determinação do alcance da protecção da marca e todos os que tenham iniciado uma pesquisa[118].

---

[116] Ao analisar este motivo absoluto de recusa, FERNÁNDEZ-NÓVOA debruça-se sobre a questão de se saber se, face à omissão dos comandos normativos comunitários, a aferição do sinal usual deve, ou não, ser feita em função dos produtos e/ou dos serviços que o mesmo assinala. Como realça o autor, numa comparação entre os ordenamentos internos dos Estados-membros, só o alemão parece ser excepcional ao estatuir a necessária conexão entre o sinal ser usual em função dos produtos ou serviços que assinalar; contudo, o rigor do preceito alemão, não tem tido aplicação uniforme pelo Tribunal Federal de Patentes que tanto já se pronunciou pela desnecessidade dessa conexão, como pela sua absoluta necessidade. Para resolver a questão no seio daquele Estado-membro, o Supremo Tribunal Alemão viria a pronunciar-se no sentido de que, não obstante a omissão da DM, deve existir uma conexão entre o sinal usual e os produtos ou serviços. No entanto, a divergência existente entre os órgãos jurisprudenciais alemães suscitou a intervenção do TJCE, que se pronunciou no sentido de que, para se aferir a distintividade do sinal estabelece-se uma relação entre si e os produtos ou serviços que assinalar, só se devendo recusar o registo de um sinal usual, quando os elementos que o compõem se tenham tornado usuais na linguagem comum e nos costumes leais constantes do comércio, para designar os produtos ou serviços protegidos.

[117] Ac. do TPI de 5 de Dezembro de 2002, processo T-91/01 (Rec. 2002, pp II 5159 ss) sobre a marca «*Biold*».

[118] ALBERTO CASADO CERVIÑO, *Marca Comunitaria, in Propriedad Industrial – Teoria y Práctica*, Editorial Centro de Estudios Ramón Areces S.A., 2001, p. 291.

3.2. *Os sinais com falta de eficácia distintiva*

A par dos sinais com falta de representação gráfica, os com falta de distintividade também não podem constituir marca comunitária nos termos da alínea b) do n.º 1 do art. 3.º da Directiva e da alínea b) do n.º 1 do art. 7.º RMC, aplicáveis indiscriminadamente a todo o tipo de marcas[119].

Na apreciação da distintividade FERNÁNDEZ-NÓVOA[120] aconselha a seguir-se a doutrina alemã que distingue: a) a capacidade distintiva abstracta (relativa a questões gerais de classificação de produtos e/ou serviços)[121] da; b) capacidade distintiva concreta (apreciada relativamente aos produtos e/ou serviços assinalados no pedido de registo)[122]. Com esta distinção, o carácter distintivo do sinal aprecia-se em duas fases: na 1.ª) verifica-se a capacidade distintiva abstracta, independentemente dos produtos e/ou dos serviços assinalados[123] e na 2.ª) verifica-se a capacidade distintiva concreta, isto é, a sua aptidão a distinguir os produtos e/ou os serviços assinalados.

O conselho de FERNÁNDEZ-NÓVOA parece ser seguido pelo *Tribunal de Primeira Instância das Comunidades Europeias* (a seguir TPI), que já se pronunciou[124] sobre a não susceptibilidade de um sinal desempenhar a função básica da marca – a da distintividade – se não tiver eficácia distintiva em relação aos produtos e/ou serviços que assinalar. Para o TPI, a marca tem carácter distintivo quando permite distinguir, de acordo com a sua origem, os produtos e/ou serviços que protege, não sendo necessário que indique expressamente o fabri-

---

[119] Ac. do TPI de 5 de Dezembro de 2002, processo T-91/01 (Rec. 2002, pp II 5159 ss) sobre a marca *«Biold»*.

[120] FERNÁNDEZ-NÓVOA, *Tratado sobre Derecho de Marcas*, Segunda Edición, Marcial Pons, Ediciones Jurídicas Y Sociales, S.A., 2004, P. 162.

[121] À qual se aplicaria, como explica o autor, a alínea a) do n.º 1 do art. 3.º da DM, devendo apenas recusar-se o registo dos sinais não aptos a distinguir nenhuma das classes de Nice.

[122] À qual se aplicaria, por sua vez, a alínea b) do art. em questão.

[123] Sendo a falta de capacidade abstracta a mais grosseira, deve aplicar-se-lhe a proibição absoluta de grau máximo, isto é, a alínea a) do n.º 1 do art. 3.º da DM. O art. da DM encontra paralelo nas alíneas a) e b) do n.º 1 do art. 7.º RMC.

[124] Ac. TPI de 19 de Setembro de 2001, processo T-118/00, Rec.,2001, pp. II – 2731 ss).

cante do produto ou o prestador de serviços em causa, sendo suficiente que o público os consiga distinguir dos demais operadores económicos. A definição do TPI, como assinala FERNÁNDEZ-NÓVOA, foi desenvolvida em 2002[125], no sentido de corresponder à identificação da origem do produto e/ou serviço permitindo ao consumidor e/ou utilizador dos mesmos, numa aquisição posterior, repetir ou evitar a experiência consoante esta tenha sido positiva ou negativa.

Na averiguação da distintividade de um sinal, o TPI definiu os seguintes critérios:

1) Suficiência do carácter distintivo mínimo do sinal[126], ou seja, a marca tem de permitir que o público destinatário, no momento da aquisição dos produtos, os distinga de todos os outros com outra origem empresarial;

2) Apreciação do carácter distintivo do sinal em relação aos produtos e/ou serviços que a marca assinala[127]. Este critério, básico nas palavras de FERNÁNDEZ-NÓVOA, corresponde à capacidade distintiva concreta defendida pela doutrina alemã e tem sido frequentemente referido nos acórdãos do TPI[128].

3) Consideração da percepção do sinal pelo público relevante, ou seja, pelo consumidor (ou utilizador) médio, normalmente informado e razoavelmente atento e perspicaz, dos produtos (e/ou serviços) assinalados pela marca[129].

4) Não dependência, da distintividade, nem da originalidade nem do aspecto invulgar ou apelativo do sinal; face à frequência com que as Câmaras de Alicante recusavam os sinais com base na falta de invulgaridade e atractividade, o TPI defendeu[130] que essas duas características não eram imprescindíveis para que um sinal fosse distintivo e que, consequentemente, uma marca comunitária não tinha obrigatoriamente

---

[125] Ac. TPI de 27 de Fevereiro de 2002, processo T-79700, Rec., 2002 pp II-705 ss), sobre a marca «Lite».

[126] Ac. TPI de 19 de Setembro de 2001, processo T-118/00, Rec.,2001, pp. II – 2731 ss).

[127] Ac. TPI de 26 de Outubro de 2000, processo T -345/99, Rec., 2000, pp II – 3525 ss), sobre a marca «Trustedlink».

[128] Ac. TPI de 27 de Fevereiro de 2002, processo T-79700, Rec., 2002 pp II-705 ss.

[129] Ac. TPI de 27 de Fevereiro de 2002, processo T-79700, Rec., 2002 pp II-705 ss

[130] Ac. TPI de 27 de Fevereiro de 2002, processo T-79700, Rec., 2002 pp II-705 ss

Enquadramento Internacional e Comunitário 55

de partir de uma base de originalidade ou de imaginação para ser distintiva. No entanto, do confronto entre sinais registados e registandos, para efeitos de força distintiva, CARLOS OLAVO defende que a originalidade inicial do sinal é merecedora de atenção[131].

4. Os motivos relativos de recusa

Nos termos do disposto no art. 8.º RMC, para que um sinal seja susceptível de ser registado como marca comunitária não pode prejudicar direitos anteriores que gozam de prioridade[132], ou seja, o sinal tem de estar, segundo PABLO ALLARD[133], disponível para o requerente no sentido de não ter sido anteriormente requerido nem concedido.

Os motivos relativos de recusa, já consagrados no art. 4.º da Directiva, prendem-se com dois aspectos essenciais: a identidade entre sinais (e produtos ou serviços) e o risco de confusão.

Como explica ALLARD, o pedido de registo de um sinal idêntico a uma marca anterior[134], assinalando os mesmos produtos e/ou serviços[135], viola o direito de propriedade e exclusividade[136] do titular da marca registada que vê a esfera desta ameaçada pelo risco de confusão (e de associação[137]) com a marca registanda[138]. Nas palavras de

---

[131] CARLOS OLAVO, ob. cit., p. 106.

[132] AMÉRICO DA SILVA CARVALHO, ob. Cit., p. 77.

[133] PABLO ALLARD, ob. cit.

[134] O n.º 2 do RMC dispõe sobre o que se deve entender por marca anterior. Já a alínea a) do n.º 1 do art. 4.º da DM dispunha no sentido de se recusarem ou declararem nulos, pedidos ou registos de marcas idênticas a anteriores que designassem produtos ou serviços idênticos aos protegidos pelas marcas já registadas.

[135] De acordo com o princípio da especialidade; PABLO ALLARD, ob. cit.

[136] Garantida pelo n.º 1 do art. 5.º da DM.

[137] O risco de associação corresponde a uma modalidade do risco de confusão, sendo, de acordo com a jurisprudência nacional, uma forma de determinar o seu alcance. LUIS COUTO GONÇALVES, ob. cit., p. 138. Do mesmo autor, aconselha-se A "Marca" do Tribunal de Justiça no Direito das Marcas, in Estudos em Homenagem à Professora Doutora Isabel de Magalhães Collaço, Vol. II, Almedina, 2002, p. 79 ss. Refere-se ainda o facto da recepção do risco de associação, feita pela DM, não constar dos seus trabalhos preparatórios; com efeito, e como o explica FERNÁNDEZ-NÓVOA, o art. 3.º da proposta da Directiva,

AMÉRICO DA SILVA CARVALHO[139], uma situação destas constitui um paradigma da usurpação da marca além de, como refere CARLOS OLAVO, a mesma ficar desprovida da sua função identificadora, independentemente de se confundirem ou não os produtos e/ou serviços assinalados.

Quanto à colisão entre marcas (e os produtos ou serviços assinalados), CARLOS OLAVO[140] fala em dupla identidade (de um lado os sinais e do outro os produtos e/ou serviços assinalados) que, a existir, exige protecção absoluta à marca registada; considera que, faltando a dupla identidade, para haver imitação não basta que as marcas em confronto sejam idênticas ou semelhantes, sendo ainda necessária a indução fácil do consumidor médio[141] em erro ou confusão, que apenas conseguirá distingui-las depois de exame atento ou confronto.

Haverá risco de confusão quando, segundo CARLOS OLAVO, ocorrer a eventualidade de o público considerar que os produtos ou serviços provêm da mesma empresa ou de empresas economicamente ligadas[142], e será tanto mais elevado quanto mais distintiva[143] for a marca anterior e quanto mais semelhantes forem os produtos ou serviços designados[144].

---

contemplava um *risco sério de confusão na mente do público*, mas nos trabalhos finais eliminou-se essa referência e ao risco de confusão acrescentou-se o de associação; *in El Riesgo de Asociación*, ADI, 1997, XVIII, p. 23 ss.

[138] Confusão essa que, segundo CARLOS OLAVO, não é a confusão directa entre os produtos ou as actividades, mas entre a origem empresarial dos produtos ou serviços, ou seja, confusão indirecta entre as actividades. CARLOS OLAVO ob. cit., p. 104.

[139] AMÉRICO DA SILVA CARVALHO, ob. cit., p. 78.

[140] CARLOS OLAVO, ob. cit., p. 104.

[141] Por consumidor, o mesmo autor entende o destinatário, efectivo ou potencial, dos produtos ou serviços em causa, independentemente da sua inserção no processo distributivo, ficando de fora, tanto os peritos na especialidade como os consumidores particularmente distraídos ou descuidados – ob. cit., p. 108. Para mais desenvolvimentos sobre o perfil do consumidor, ver LUÍS COUTO GONÇALVES, ob. cit., p. 141 ss.

[142] CARLOS OLAVO, ob. cit., p. 105.

[143] Quer a sua distintividade seja intrínseca, quer resulte do seu conhecimento no mercado.

[144] O mesmo autor refere explicitamente que um diminuto grau de semelhança entre marcas pode levar a situações de erro ou confusão se for elevado o grau de semelhança entre os produtos que designam e vice-versa. Para mais desenvolvimentos sobre o risco de confusão ver FERNÁNDEZ-NÓVOA, ob. cit. p. 271 ss; FERNÁNDEZ –NÓVOA, *El Riesgo de Asociación* cit., p. 23 ss.

Ensina Couto Gonçalves[145] que a confusão pode sê-lo em sentido estrito, quando resulta das situações em que há o risco do público consumidor confundir a origem dos produtos ou serviços, e em sentido amplo que resulta das situações em que o público consumidor, reconhecendo as diferentes origens dos produtos ou serviços, possa pensar existir entre as mesmas uma relação jurídica, económica ou comercial[146].

No confronto entre sinais existem dois aspectos a ter em consideração, a semelhança e o risco de confusão (o qual deve ser aferido em função do conhecimento da marca no mercado, da associação que pode ser feita com sinais anteriores e do grau de semelhança entre sinais e entre produtos ou serviços designados[147]).

Em suma, seguindo a visão simplificada de Jeremy Phillips[148], e de acordo com o que foi exposto, perante um pedido de registo de uma marca comunitária há que verificar se o que é pedido é um sinal nos termos definidos pelos actos comunitários; em caso afirmativo, o sinal prossegue o seu percurso e é submetido, primeiro ao exame da representação gráfica e, segundo ao da distintividade; a falta de um

---

[145] Luis Couto Gonçalves, ob. cit., p. 138.

[146] Também Carlos Olavo distingue risco de erro ou confusão em sentido estrito, sempre que a identidade ou semelhança leve a que um sinal seja tomado por outro, e em sentido lato, sempre que o público considere haver identidade quanto à proveniência dos produtos ou dos serviços assinalados ou considere que possa haver uma relação, (que na realidade não existe), entre a sua proveniência empresarial. No caso de se tratar de um sinal complexo, ou seja, simultaneamente denominativo e figurativo, o mesmo é apreciado no seu todo, se bem que para haver imitação não seja necessário haver reprodução dos sinais em todos os seus elementos. Carlos Olavo refere que, nestes casos, o elemento nominativo será o mais importante para a apreciação do risco de confusão, pois a sua componente fonética é a mais idónea para perdurar no espírito do consumidor; ob. cit., p. 110.

[147] Considerando 10.º da DM; os mesmos factores são apontados por Fernández-Nóvoa, ob. cit., p. 243. Na apreciação da eventual existência de confusão entre sinais, Carlos Olavo destaca a marca notória, que agrava o risco de confusão dada a sua forte imposição no mercado. A relação da confusão com a marca notória também é destacada por Allard que defende que o seu titular pode invocar notoriedade mesmo tratando-se de produtos e/ou serviços distintos, por haver um risco de associação quanto às origens empresariais; entende-se, portanto, haver pelo titular da marca registanda um uso sem justa causa, aproveitando-se, indevidamente, da distintividade ou da notoriedade de uma marca anterior, daí advindo um prejuizo tanto para si como para o titular da marca notória. Pablo Allard, ob. cit.

[148] Jeremy Phillips, ob. cit., Chapter 4.

destes requisitos dita a recusa do registo; se os preencher em sentido positivo, é submetido à verificação dos restantes motivos absolutos que a não se verificarem permitem o registo do sinal a título de marca comunitária, excepto se o mesmo, e mediante oposição do titular de marca anterior, for idêntico a sinais já registados ou notórios na Comunidade Europeia.

E se o processo de registo de uma marca comunitária já, por si só, é delicado para sinais distintivos de comércio convencionais, quando se tratam de sinais não convencionais a sensibilidade de Alicante agudiza-se, como a seguir se analisará.

PARTE II

A MARCA OLFACTIVA

*"Se a vista nos pode enganar e nos dar a ilusão
da excelência, o nariz raramente nos trai.*[149]*"*

Introdução

O desenvolvimento do comércio internacional trouxe uma nova
dimensão, para o público e para os *Offices*, quanto à *forma* que um
sinal pode revestir, tendo-se assumido a ideia de que tudo o que for
perceptível pelos sentidos pode servir como indicação para o consumidor, caracterizar um produto e/ou serviço e desempenhar a função
de marca[150].

Ao lado dos sinais tradicionais, surgiram os tridimensionais e os
compostos por cores, sons, sabores, odores, slogans e hologramas.
O espírito é o mesmo: têm como objectivo fundamental distinguir um
produto e/ou serviço em relação à respectiva origem empresarial.
Contudo, tal como realçam STEFANO SANDRO e SERGIO RIZZO[151], se na
prática comercial estes sinais não levantam qualquer tipo de problema, sendo aliás o novo pólo atractivo dos estrategas de publicidade e
marketing, o mesmo já não se pode dizer do ponto de vista jurídico,
dado que em muitos ordenamentos jurídicos não é possível registar-
-se a maior parte deles, especialmente os olfactivos. Com efeito, e
embora não se possa falar com rigor numa proibição absoluta, é um
facto de que para a maior parte dos *Offices,* os sinais olfactivos não
são admitidos como marcas, salvo casos excepcionais, como refere

---

[149] BRUNO DAUCÉ, *Comment Gérer les Senteurs d'Ambiance, in Le Marketing
Sensoriel du Point de Vente*, Coordonné par Sophie Rieunier, Dunod, 2006, p. 93.

[150] PAOLA GELATO, *Registrabilità Dei Marchi Di fraganza E Sonori, in* Contratto E
Impresa, 1998, 2, p. 619 ss..

[151] STEFANO SANDRI e SERGIO RIZZO, *I Nuovi Marchi, Forme, Colori, Odori e Altro*,
IPSOA, 2002.

MARÍA LLOBREGAT[152], de que é exemplo o regime jurídico dos Estados Unidos da América.

1. A dimensão económica – Marketing Olfactivo

O marketing clássico erguido sobre uma visão analítica, racional e mecânica dos produtos, dos concorrentes e dos consumidores deu lugar, especialmente desde 2002[153], ao marketing sensorial, que gira em torno das experiências emocionais, cognitivas, comportamentais e relacionais dos consumidores. O consumo passou a ser visto no seu conjunto, atendendo-se à adequação dos produtos ao que deles é esperado, ao modo de produção, de embalagem e de *merchandising* de forma a tornarem-se mais atractivos.

É neste novo contexto que o consumidor se deixa voluntariamente conduzir mais pelos seus impulsos emotivos do que pela sua razão. Na realidade económica sensorial do novo milénio, seduz-se o consumidor pela intervenção dos 5 sentidos, com particular destaque para o olfacto e a audição, e perguntas como *"qual será o odor que faz permanecer um cliente numa loja?"* ou *"qual será o ruído que um automóvel deve produzir para suscitar um sentimento de luxo, de conforto e de qualidade de fabrico?"*, passaram a pertencer às preocupações dos operadores económicos que actualmente convidam à aquisição, não tanto de um produto ou de um serviço, como de uma sensação.

A consciência de que um consumidor passa mais tempo e despende mais dinheiro num espaço comercial onde se sente confortável, estimulado por um certo odor ou som, tem levado à implementação de medidas de marketing. Aliás, num mercado em que os produtos são tecnicamente idênticos tem de haver algo que os diferencie, até porque para muitos consumidores a afectividade, a sensuali-

---

[152] MARÍA LUISA LLOBREGAT, *Caracterizacíon Jurídica De Las Marcas Olfativas Como Problema Abierto*, RDM, 1998, n.º 227, p. 51 ss.

[153] Embora, pelo menos desde 1973, já existissem estudos no sentido de explorar a atmosfera em que o consumidor está envolto. Nesse sentido P. KOTLER, *Atmospherics as a Marketing Tool*, in *Jornal of Retailling*, 1973, 49.

dade e o prazer são mais importantes do que o preço[154], pelo que o odor pode, como sublinha Pierre Célier, ser uma nova forma de diferenciação das empresas. No mesmo sentido, Anne Marie Pecoraro afirma que no seio do marketing sensorial, um odor específico pode distinguir um produto ou serviço, isto é, assinalá-lo e preencher a função de uma marca[155].

Na noção de marketing sensorial, deve seguir-se a de Filser como o conjunto de acções controladas pelo produtor e/ou distribuidor para criar, em torno de um produto ou serviço, uma atmosfera multissensorial específica, seja através de características do produto, seja através da comunicação em seu favor, ou ainda através do ambiente no ponto de venda[156]. Realça Pierre Célier, que lhe está subjacente a avaliação do impacto emocional de cada atributo particular do produto, optimizando-se a *"qualidade percebida"* pelo consumidor[157].

Esta nova ideia de marketing subdivide-se em tantas quanto os sentidos, ou seja, como aponta Jean-Luc Koehl em marketing visual, táctil, gustativo, sonoro e olfactivo e da solicitação simultânea de mais de um deles, resulta o plurissensorial.

Embora a gestão do ambiente olfactivo, onde reinam odores e aromas[158] não seja uma ideia recente, nunca tanto como hoje os operadores económicos lhe dedicaram atenção. A tomada de consciência de que um aroma pode deturpar a noção de tempo do consumidor e modificar a sua percepção visual e gustativa e de que o olfacto é o sentido que mais carga emotiva tem, levou os operadores económicos a debruçarem-se sobre o marketing olfactivo.

---

[154] Jean-Luc Koehl, *Le Marketing Sensoriel*, disponível em http://www.educnet.education.fr/ecogest/veille/mercatique/gc10.htm

[155] Anne Marie Pecoraro, *De Certaines Contraintes Juridiques du Marketing Sensoriel*, 2005, palestra proferida num Colóquio organizado por estratégias disponível em http://www.bignonlebray.com/departements/pint/article.php3?id_article=334.

[156] M. Filser, *Le Marketing Sensoriel: la Quête de l'Intégration Théorique Managériale*, RFM, 2003, Setembro.

[157] Pierre Célier, *"Le Marketing Sensoriel"* 2004, in http://cpa.enset-media.ac.ma/marketing_sensoriel_m.htm

[158] O *British Standars Institut* definiu "odor" como correspondendo à qualidade da percepção de certas substâncias voláteis recebidas pelo órgão olfactivo da cavidade nasal, enquanto o "aroma" é uma conotação agradável do odor. Debret Lyons, ob. cit.

A novidade dos nossos tempos está, para BRUNO DAUCÉ[159], não na ideia mas nos sistemas de difusão de aromas e no progresso da indústria da perfumaria, donde resultou a democratização do uso dos odores, antes reservado às cerimónias religiosas e à profilaxia.

A importância do uso do aroma, para os operadores económicos, resulta dos poderes que lhe estão associados nomeadamente, como sublinha DAUCÉ:

a) o poder de discriminação[160], que traduz a capacidade de distinção dos aromas e dos seus efeitos sociais – *como pólos de atracção ou de rejeição entre os seres* – e religiosos – *sendo que o Bem é aromatizado por odores de santidade e o Mal pelos de sofrimento*. O sistema nasal é fundamental na percepção pelo ser humano do ambiente que o rodeia, nomeadamente ao nível da alimentação e da salubridade. E foi, segundo DAUCÉ, da descoberta e da exploração do sistema *voméronasal* humano que nasceu a ideia de transformar o ser humano num comprador compulsivo, abstraindo-o de todo o córtex.

b) O poder curativo[161] está relacionado com o combate do homem aos odores nefastos, sinónimos de doença, recorrendo-se à purificação do ar, iniciando-se um processo de desodorização que ainda hoje caracteriza as sociedades desenvolvidas[162], com particular destaque para os Estados Unidos da América. Independentemente do sector da actividade consi-

---

[159] BRUNO DAUCÉ, ob. cit. p.91 ss.

[160] Até LOUIS PASTEUR, os odores eram realidades evanescentes, cuja materialização estava reduzida às palavras que descreviam a sua origem, como odor de jasmin, de rosa ou de musk, ou os seus efeitos, como odor agradável, desagradável, apetitoso, entre outros. DAUCÉ, ob. cit.

[161] Até ao século XIX, as epidemias foram explicadas pelos aromas putrefactos que as caracterizaram, os quais materializaram a ideia de morte, sendo o ar expirado pelos homens o seu veículo motor. Assim, havia uma correspondência entre as doenças e os odores e, como realça DAUCÉ, no século XIII o termo *"pestilência"* designa precisamente a epidemia da peste infectada por um odor, tal como a designação da *"malária"* resulta do italiano *"mal aria"*.

[162] Restam ainda exemplos do passado, nomeadamente ao nível dos ambientes em torno das grandes indústrias que as campanhas anti-poluição procuram neutralizar. DAUCÉ, ob cit p. 94.

derado, a *caça* aos maus odores tornou-se um corolário dos operadores económicos[163].

Contudo se por um lado, nas sociedades modernas se assiste à neutralização dos odores, por outro tem-se investido na redescoberta do seu poder terapêutico de que a aromoterapia é exemplo e a aromacologia companhia[164]; nascida nos Estados Unidos da América, a aromacologia começa a marcar presença na Europa.

c) o poder de evocação, traduz-se na capacidade dos odores em evocarem recordações e suscitarem emoções. O poder evocativo dos aromas tem sido muito explorado[165], no sentido transportar o homem de hoje para eventos do passado.

Assim, é pelo facto de o aroma ter assumido um uso afectivo individual e colectivo que os operadores económicos, como salienta DAUCÉ, se começaram a interessar pelo ambiente dos seus espaços comerciais e pelas crenças associadas ao poder dos odores.

1.1. *Da percepção à memorização do odor*

As especificidades da percepção e da memorização dos odores resultam das preferências dos indivíduos formadas, como defendem SCHAAL e MARLIER[166], ainda no útero e consolidadas nos primeiros dias a seguir ao nascimento. Outros factores as influenciarão, nomeadamente o *processo de adaptação*[167], as capacidades perceptivas dos

---

[163] DAUCÉ, aponta como exemplo a *Renault*, que tem aplicado os seus esforços na identificação dos materiais que estão na origem de odores desagradáveis no habitáculo. DAUCÉ, ob cit p. 9.

[164] A aromoterapia consiste nas acções terapêuticas dos aromas em certos distúrbios da saúde, enquanto a aromacologia se dedica à análise dos efeitos da inalação dos aromas no estado emocional.

[165] DAUCÉ refere as lojas *Nature & Découvertes* e a *Résonnances*, as quais difundem e vendem aromas de ambiente com nomes evocativos concentrados no tempo e no espaço como: *"La Terrace du Cafetier"*, *"La Corbeille de la Lingère"*, *"La Table Gourmande"* ou *"L'Atelier du Menuisier"*. É ainda exemplo do poder evocativo do perfume, o lançamento de *"Les Jardins de la Méditerrannée"* e de *"Un Jardin Sur le Nil"* da marca *Hermès*.

[166] Referência de DAUCÉ, ob. cit., p. 98.

[167] Que consiste na percepção do odor pelo olfacto, a qual é extremamente influenciada pela paisagem olfactiva em que for feita e, dada a sua natureza intrínseca, efémera; DAUCÉ, ob. cit., p. 97.

indivíduos[168], a idade, o sexo[169], a raça[170], determinadas características psicológicas[171], comportamentais[172], físicas[173] e a cultura.

Da percepção...

No caso concreto da percepção, verifica-se que esta diminui à
medida que a exposição ao aroma se prolonga até desaparecer por
completo, pelo que o tempo necessário para a conclusão do processo
de adaptação varia consoante o estímulo, a concentração do indivíduo e o tempo da exposição. Desta forma, quanto maiores forem o
estímulo e a concentração, maior será o tempo de exposição; ao
cessar o estímulo, o indivíduo regressa ao estado em que estava antes
da exposição.

A percepção das moléculas odoríferas que existem no ar é feita
por via da olfacção nasal[174] e da *rétronasal*[175], que permitem o seu
contacto com os cerca de 50 milhões de receptores que compõem a
mucosa olfactiva. Assim, uma vez percepcionado, o odor será trans-
mitido pelos receptores ao longo do nervo olfactivo até chegar ao
sistema límbico, sede de emoções e aos seus principais componentes:
o hipocampo e a amígdala. Em resultado, a mensagem olfactiva não

---

[168] Sejam total ou parcialmente anósmicos – deficiência na percepção de todos ou
alguns odores – ou hiperósmicos – sensibilidade olfactiva exacerbada.

[169] DAUCÉ, refere que as mulheres têm uma sensibilidade olfactiva superior à dos
homens; DAUCÉ ob. cit., p. 98.

[170] A capacidade perceptiva dos odores é, por exemplo, extremamente reduzida nos
asiáticos, como ensina DAUCÉ, por causa de três factores essenciais: a importância das
glândulas apócrinas que estão na origem do suor (e muito reduzidas nos asiáticos), o
sistema piloso (muito pouco desenvolvido nos asiáticos) e os hábitos alimentares (ingestão
de mais ou menos gordura, de peixe e de legumes). O mesmo autor sublinha que foi graças
à insensibilidade dos japoneses face aos odores que as perfumarias *Sephora* se retiraram do
mercado japonês. DAUCÉ, ob. cit., p. 99.

[171] Estado patológico e estado de vigilância.

[172] Uso de medicamentos, de drogas e o consumo de tabaco.

[173] Temperatura, humidade e poluição.

[174] Por olfacção nasal, entende-se a sequência de inspirações rápidas e breves que
permite a chegada das moléculas odoríferas à cavidade olfactiva. DAUCÉ, ob. cit, p. 101.

[175] A olfacção rétronasal dá-se no momento da expiração e permite que as moléculas
odoríferas, libertadas na boca no momento da alimentação, atinjam os receptores olfactivos.
As moléculas odoríferas são, neste caso, libertadas no fundo da cavidade bucal e tornam a
atingir o sistema olfactivo. DAUCÉ, ob. cit., p. 101.

A Marca Olfactiva 67

acede directamente à consciência, entrando no cérebro pelo sistema límbico e misturando-se com a inconsciência dos gostos e das inclinações do ser humano[176].

...À memorização.

Seguindo-se à percepção, a memorização do aroma é algo mais complicada porque, realça DAUCÉ, como cada estímulo olfactivo corresponde a uma unidade distinta é impossível decompô-lo em elementos que permitam individualizar qualidades odoríferas; de facto, os odores encontram-se globalmente codificados numa percepção única que não é susceptível de ser decomposta, daí a dificuldade na sua memorização. Aliás, os odores são difíceis de nomear e evocam mais frequentemente o contexto da sua percepção do que um nome determinado.

1.2. *Efeitos da percepção e da memorização do odor*

As investigações sobre a influência dos aromas no homem têm sido feitas em campos de análise afectivos, cognitivos e comportamentais.

Quanto ao campo afectivo, distinguem-se os efeitos físicos dos psicológicos; enquanto que naqueles DAUCÉ conclui ser muito difícil analisar os resultados obtidos com a administração de um aroma concreto[177], nestes testemunham-se resultados positivos[178].

No que respeita ao campo cognitivo, um aroma – congruente com o tema ou produtos vendidos num espaço comercial – exerce uma influência positiva na avaliação desses produtos ou serviços e na decisão do consumidor; este fenómeno é particularmente evidente na apresentação de novos produtos porque o consumidor nunca foi

---

[176] PIERRE CÉLIER, por referência a A.HOLLEY.

[177] O autor considera precipitadas as afirmações de que o aroma de jasmin é estimulante ou que o de lavanda é relaxante, até porque os aromas que têm sido difundidos em espaços comerciais são compostos.

[178] Registados ao nível da administração de aromas e da sua influência no humor; DAUCÉ, ob. cit., p.103.

com eles confrontado e estes nunca foram objecto de uma avaliação consumista[179].

Finalmente, ao nível do comportamento, os odores desagradáveis incitam o homem à fuga mesmo não existindo ameaça ou dor. Curiosamente, sublinha DAUCÉ, nenhum odor agradável atrai tanto o homem como o desagradável o afasta[180].

Assim, face aos poderes e efeitos que resultam da percepção e memorização dos aromas, o operador económico pode usá-los para atrair o consumidor (1), para criar conforto no seu espaço comercial (2) ou para criar a sua marca olfactiva (3);

1) Um aroma é potencialmente atractivo de um consumidor e nesse sentido apontam-se como exemplos, entre outros[181], a marca *Caroll* – que viu a sua clientela aumentar significativamente com a apresentação de produtos perfumados, tais como velas, perfumes, incensos e *pots-pourris* – e o *Banque Populair do Val-de-France* – que enviou cerca de 40.000 correspondências perfumadas numa campanha de puro marketing olfactivo intitulada *"Empréstimos Tónicos"*[182]. Em Portugal, o *Centro Tecnológico das Indústrias do Couro* em parceria com o *Centro de Nanotecnologia e Materiais Técnicos, Funcionais e Inteligentes* e com o apoio do *Departamento de Engenharia Têxtil da Universidade do Minho*, estuda actualmente sapatos com aroma de lavanda, de pinho e com aloé vera integrada. Tratamse de sapatos revestidos no seu interior a pele na qual, pela via do microencapsulamento, são inseridos aromas para darem uma sensação de frescura.

---

[179] Para conhecimento do resultado da difusão de aromas, entre outros, de gerânio e de limão em produtos e espaços comerciais, ver DAUCÉ, ob. cit., p. 106 e 107.

[180] Referindo o odor a alimentação, DAUCÉ afirma estar na sua base a secreção de sucos gástricos que incitam o indivíduo a alimentar-se - ob. cit., p. 107.

[181] Um parque de atracções nos arredores de Paris recorreu a difusores do aroma de pipocas para atrair clientela e recuperar da queda de vendas que sofria; a *Hollywood Chewing Gum* aplicou um difusor de aroma à volta das suas instalações, que disparava o aroma a mentol cada vez que um cliente se aproximava; a *Herbal Essences*, numa campanha de divulgação dos shampoos, instalou difusores de perfumes dos respectivos produtos em espaços comerciais, accionados pelos consumidores pela pressão de um botão em fole.

[182] Os aromas variaram de acordo com as estações. Na primavera, os aromas utilizados foram o do lírios-do-vale e o de ervas; no Verão o de pêssego; no Outono o de alcaçuz; e no Inverno o de laranja e cravo-da-índia.

A Marca Olfactiva 69

2) O aroma pode ser utilizado para reforçar a identidade do espaço comercial e para isolar o consumidor das solicitações de que é alvo. *"Porque é que o consumidor deverá tolerar odores desagradáveis noutros espaços quando o não faz na sua própria casa?!"* Os exemplos apontados por DAUCÉ são o do *metro de Paris*, palco de um intenso estudo olfactivo desde 1927[183] e as investigações da *Shiseido* relativas à influência que a administração de essências de madeira e de flores tem na vigília dos operários com tarefas repetitivas[184]. Em momentos *stressantes,* redutores da produtividade, algumas empresas têm difundido o odor de laranja e de lavanda que têm propriedades «antidepressivas», como refere IIHAME SADOUK[185] que aponta ainda o exemplo dos casinos de Las Vegas, onde são difundidos aromas que incitam à permanência da clientela e consequentemente ao aumento das apostas. A mesma ideia foi seguida em Portugal pelo Casino Lisboa, que desde Setembro de 2007 odoriza o seu espaço para eliminar odores desagradáveis, para fazer com que os visitantes se sintam em casa e para enraizar uma memória olfactiva evocativa do espaço do Casino[186]. O aroma *"jovem, urbano e surpreendente"* que se inala foi baptizado como *"Sensual D";* a par deste ainda se sente na sala de jogos tradicionais, o aroma *"vannilla cigars"* amadeirado, com laivos de baunilha e de aroma de charuto.

São ainda de referir, o caso de uma sociedade britânica de recuperação de créditos que aumentou em cerca de 17% a sua taxa de recuperação, ao impregnar as facturas de um odor à base de uma

---

[183] Por volta de 1927, as carruagens da linha 1 libertaram o odor a erva-cidreira; contudo, o acréscimo de utilizadores do metro fez nascer uma série de reclamações por parte dos passageiros. Em 1993 foi criada uma equipa de especialistas para se debruçar sobre a criação de um ambiente olfactivo, partindo de uma análise olfactométrica, que detectou uma multiplicidade de odores ao nível das composições do metro e dos passageiros que o utilizavam. O resultado da pesquisa desaguou na adopção de 4 fragrâncias para produtos de limpeza das estações e das carruagens, reduzidas entretanto a apenas uma, intitulada *"Madeleine"* que, hoje em dia, passa despercebida. Ob. Ci., p. 118.

[184] Para mais desenvolvimentos, ver DAUCÉ, ob. cit., p. 120.

[185] IIHAME SADOUK, *Le Marketing Olfactif: est bel et bien present, 2006, disponível em* http://www.unice.fr/edmo/newsletters/newsletter20/courrierdeslecteurs.htm

[186] SUSANA OLIVEIRA, *Marketing:Casino Lisboa tenta desde Setembro agarrar o jogador pelo nariz*, agência lusa, 2007, disponível em http://noticias.sapo.pt/lusa/artigo/ 9T0KHb0cAz9bsHJjI2c%2FJQ.html

substância extraída do suor masculino e o caso das galerias «*Le Printemps*» que no verão odorizam o espaço com aromas marítimos e de bronzeadores[187].

3) Finalmente, os aromas podem ser usados como marca olfactiva. Tendo em conta as especificidades da memória olfactiva, uma empresa poderá encontrar num aroma um meio de evocar a sua marca e identidade, sem necessidade de um sinal visualmente perceptível. O exemplo apontado por DAUCÉ, e um dos mais referidos, é o caso da *Air France* que em meados de 1996, numa ideia de marketing olfactivo directo, aplicou um aroma – *sugestivo de tranquilidade, frescura e prazer associado a uma ideia de segurança* – nas cabines dos aviões, nas salas de espera da primeira classe, nos balcões e nas agências da Companhia. Contudo, devido a uma série de contratempos que atingiram a companhia aérea francesa, a utilização do aroma, que poderia ser o seu logótipo olfactivo, reduziu-se à mera função desodorizante das cabines. Segundo JOËL RIVET[188], as condições do sucesso no desenvolvimento de um logótipo olfactivo nas companhias aéreas[189] exige um trabalho conjunto entre a direcção da empresa, os trabalhadores e a clientela. Existem muitas especificidades a ter conta, nomeadamente o facto de em certas companhias aéreas os voos matinais transatlânticos terem mais passageiros masculinos e os voos com destino à África Austral terem mais passageiros femininos e famílias a bordo. Isto significa que a escolha do aroma não é aleatória mas deve ser uma aposta aromacológica de forma a tornar a viagem mais confortável[190].

Em suma, a identidade olfactiva é o novo meio do empresário estabelecer uma relação durável entre a sua marca e os seus clientes, pelo que actualmente já existe um inventário significativo de formas de odorização ambientais que contrasta com as que no início dos anos 90 se limitavam a perfumar salas de espectáculos, centros de thalassoterapia e corredores do metro.

---

[187] PIERRE CÉLIER, ob. cit.

[188] Director da Sociedade *PSA – Produits Sanitaires Aéronefs*, cujo objecto comercial é o fornecimento de produtos de higiene e de desinfecção para a aviação.

[189] Que pode ser identificado dentro da cabine, nos sabonetes das casas de banho ou nos toalhetes refrescantes distribuídos a bordo.

[190] DAUCÉ, ob., cit, p. 121 ss.

A Marca Olfactiva 71

Actualmente, o empresário dispõe de várias formas para perfumar o seu espaço comercial, podendo fazê-lo por difusão natural[191], por ventilação[192], por *chauffage*[193], por pulverização[194] ou por micronização[195]. A par da odorização ambiental destinada à identidade do espaço, *maxime* dos serviços prestados, está a odorização do produto em si mesmo feita por micro-encapsulamento[196].

O que importa é o ambiente, o universo em que a marca envolve o consumidor, ainda para mais quando os operadores económicos tendem a operar em centros comerciais onde proliferam captações multissensoriais.

A gama de aromas é praticamente ilimitada e é graças à aromacologia que os operadores económicos começam a identificar o significado e a interpretar certos aromas; neste sentido, parece que a *lavanda* e a *menta apimentada* favorizam o trabalho, respectivamente, das mulheres e dos homens, que o odor do *couro* e da *flor de*

---

[191] Qualquer objecto, sólido ou líquido, odorisa naturalmente o ambiente que o envolve. A qualidade da difusão depende da capacidade de volatilização do objecto perfumado e quanto mais circular o ar ambiente maior será a eficiência da difusão – DAUCÉ, ob. cit., p. 127.

[192] A ventilação, que tal como o nome indica opera através de um ventilador, optimiza a difusão natural. Actualmente alguns difusores utilizam esta técnica que se sofisticou com a instalação de pequenas bombas que permitem uma melhor ventilação e com recargas de granulados perfumados pelos quais o ar circula. DAUCÉ, ob. cit., p. 127. O recurso à ventilação foi a forma escolhida pelo Casino Lisboa para a difusão dos aromas no espaço físico.

[193] A odorização por *chauffage,* consiste na vaporização de um líquido ou a sublimação de um objecto odorífero pelo ar e corresponde, em certa medida, ao efeito que actualmente é conseguido com as velas perfumadas. A segurança desta técnica é relativa, nomeadamente pelo facto de, segundo alguns especialistas, o aquecimento do odor alterar as suas propriedades aromacológicas – DAUCÉ, ob cit., p. 128.

[194] A pulverização, pode ser feita por via de aérossois (em que partículas de determinados óleos estão suspensas num gás) ou por via da vaporização (que consiste na projecção de pequenas gotas no ar). Dos convenientes e inconvenientes desta técnica, ver DAUCÉ, ob cit., p. 128.

[195] Esta técnica de odorização ambiental, também conhecida por nebulização, consiste na fragmentação de moléculas odoríferas para facilitar a sua difusão no ar, superando-se o problema da viscosidade de certos óleos utilizados nas técnicas de odorização do ar. As partículas utilizadas são de tal forma pequenas que nem dão a sensação de humidade, nem apresentam riscos bacteriológicos, sendo, por isso, uma das técnicas mais utilizadas actualmente – DAUCÉ, ob cit., p. 129.

[196] Que consiste precisamente em reduzir as fragrâncias em micro-cápsulas de forma a serem inseridas nas fibras de têxteis ou de papéis – PIERRE CÉLIER, ob. cit..

laranjeira conferem uma conotação de luxo, que as *fragrâncias frutadas e caramelizadas* suscitam a gulodice, que a *exalação de iodo e de areia* evocam a evasão e o exotismo e que os *aromas naturais* comunicam um certo bem-estar[197].

Seja como for, o caminho a percorrer ainda é longo e cada vez mais são necessárias pesquisas, não só para fortalecer o que a neuro-anatomia do sistema olfactivo permite farejar, mas também para se saber o impacto que a difusão dos aromas tem no comportamento do consumidor e na imagem da marca.

Os problemas a resolver não são somente técnicos, no sentido de descoberta de formas de composição e difusão de aromas, nem somente práticos, no sentido de se definirem aromas uniformemente agradáveis, nem somente financeiros, apesar dos elevados custos dos procedimentos odoríferos, mas acima de tudo jurídicos dada a ambiguidade da legislação quanto à protecção de marcas olfactivas.

1.3. *A fundamentação económica das marcas olfactivas*

Partindo do estudo de RICHARD A. POSENER e de WILLIAM M. LANDES relativo à função da marca como factor de redução do custo da procura do consumidor, resultado da sua dupla informação (a que o habilita a identificar a fonte dos produtos pela distintividade, por um lado, e a que versa sobre o produto em si mesmo considerado, por outro) BHAGWAN, ASHITHA, KULKARNI, NAMITA e RAMANUJAM PADMANABHA[198] (a seguir BAKNRP) subsumiram-no às marcas olfactivas. Seguindo o estudo original, definiram o preço total (A) do bem (Y) com o respectivo *Money Price* (M) somado ao custo de procura (S) do consumidor na obtenção da informação sobre as características relevantes daquele bem; outros factores a ter em consideração são, além da marca de (Y), identificada por (T), os custos da publicidade e da tecnologia para a produção da informação e o número de con-correntes daquele, identificados por (A) e os indicadores da disponi-

---

[197] PIERRE CÉLIER, ob. cit.

[198] BHAGWAN, ASHITHA, KULKARNI, NAMITA e RAMANUJAM PADMANABHA, *Economic Rationale for Extending Protection To Smell Marks*, MPRA, 2007, disponível em http://mpra.ub.uni-muenchen.de

bilidade das palavras e dos simbolos usáveis como marcas, assinalados por (W).

Em suma, o resultado é o seguinte: A = M + S (T; A & W)

Segundo Baknrp se o preço total do bem (Y) for, por exemplo, 500, um produtor com um custo de procura (S) de 200, vende a sua marca, naquele bem, por 300 enquanto que um produtor com um custo de procura (S) de 100 a vende por 400. Isto significa que quanto mais se usarem as palavras como marcas, ou seja, quanto maior for (W), mais baixo será o custo de procura do consumidor na obtenção da informação sobre as características relevantes do bem, logo mais baixo será (S) e menor serão os custos para tornar a marca distintiva.

Alertando para o congestionamento do mercado das palavras, Baknrp concluem que quanto menor for a disponibilidade do uso de palavras, ou seja, quanto menor for (W) maior serão os valores de (S) para (T), o que significa que a diminuição do mercado das palavras aumenta o custo da procura porque potencia a não distintividade e, consequentemente, agrava a incapacidade da marca para identificar os produtos, retirando assim ao consumidor a informação sobre o bem (e, claro está, o baixo custo de procura) que permitiria ao produtor aumentar o seu preço total.

No caso concreto das marcas olfactivas, ensinam Baknrp, que ainda há a considerar os elevados custos de duplicação sendo o incentivo para o *free ride* muito menor em comparação com as tradiconais. O incentivo para o *free ride*, no caso destas, depende: 1º dos lucros gerados pelas marcas [P(T)] do bem (Y), 2º do custo de duplicação (D) e 3º do custo da contrafacção (I). Assim o incentivo de uma empresa para o *free ride* (B) será equacionado da seguinte forma: B = P(T) – D – I.

Todas as firmas têm incentivos para o *free ride* enquanto os lucros gerados pelas marcas forem superiores aos custos de duplicação e de contrafacção [ou seja, enquanto P(T) > (D + I)]. No momento em que a situação se inverter, ou seja, em que os lucros gerados pelas marcas se tornarem inferiores aos custos de duplicação e de contrafacção [ou seja, em que P(T) < (D + I)] haverão menos incentivos ao *free ride*.

74 A Marca Olfactiva

Quanto às marcas olfactivas, enquanto o custo de contrafacção for estável, haverá um elevado custo de duplicação, o que tem como vantagens a garantia de informação identificadora da fonte, a redução do custo da procura e o incentivo às despesas com a sua qualidade. Como o incentivo das empresas ao investimento, em meios publicitários para o desenvolvimento e para a manutenção das marcas, depende da sua capacidade para manter inalterada a qualidade do produto, BAKNRP defendem que as olfactivas, por incrementarem o aumento do custo da duplicação, são um forte contributo à preservação da função derivada da marca, isto é, da sua qualidade.

Também FAYE HARMMERSLEY[199] defende que uma marca olfactiva diminui forçosamente (S), uma vez que um aroma faculta ao consumidor, antes da aquisição, uma forma célere de avaliação das características e qualidades de um produto. Refere ainda que, o registo de uma marca olfactiva, legitima ao produtor o uso de um aroma especifico, diminuindo-se assim o risco de confusão entre os consumidores e consequentemente (S), uma vez que estes confiam naquele aroma especifico para indicar uma determinada proveniência empresarial.

2. A Dimensão Jurídica – Problemas jurídicos do sinal olfactivo

> *«A memória olfactiva é provavelmente a memória mais fiel que os humanos possuem e, consequentemente, os operadores económicos têm um claro interesse em usar sinais olfactivos para identificar os seus produtos; por isso a representação gráfica tem que permitir que um sinal seja identificado de forma a assegurar a sólida operação do sistema de registo de marcas»[200].*

Um sinal, para ser registado como marca comunitária, tem de começar por preencher um requisito formal e um material, nos termos do disposto no art. 4.º RMC, ou seja, tem de ser susceptível de

---

[199] FAYE HAMMERSLEY, *"The Smell of Sucess: Trade Dress Protection for Scent Marks"*, 2 MIPLR, 105.

[200] Ac. Do TPI, de 27 de Outubro de 2005, Proc. T-305/04, caso *«Eden/OHMI»*, JO C 262 de 23.10.2004.

representação gráfica e distintivo embora, como realçam STEFANO SANDRI e SERGIO RIZZO[201], seja o termo explícito *"sinal"*, o verdadeiro elemento constitutivo da marca.

É na dificuldade no preenchimento desses requisitos, que a doutrina em geral tem fundamentado a recusa das marcas olfactivas, conforme salienta MARÍA LLOBREGAT[202], se bem que se possam considerar formas de representação gráfica de odores e se possam encontrar meios de lhes atribuir a respectiva distintividade.

MARÍA LLOBREGAT refere o facto de os requerentes de sinais olfactivos tentarem ultrapassar o requisito da representação gráfica, recorrendo à descrição do odor[203]; contudo, a forma como a descrição tem sido feita cria um novo obstáculo (na medida em que são usados termos totalmente genéricos e descritivos) que acabam por cair no núcleo directo das proibições absolutas, nomeadamente na falta de distintividade.

No entanto, LLOBREGAT explicitamente faz notar que antes da sua queda, os sinais olfactivos, mesmo descritivos, ainda se podem *salvar* pelo mecanismo do *"secondary meaning"*[204] desde que preenchido um requisito temporal, que varia consoante o caso, como aconteceu com a 1.ª marca olfactiva registada no mundo. Mesmo assim, quanto à distintividade, parece notória a dificuldade que os consumidores terão em identificar os odores e relacioná-los com a origem de um produto e/ou serviço.

Mas, se por um lado, a doutrina tem negado a protecção dos aromas pela via dos direitos de propriedade industrial, nomeadamente

---

[201] Ob.cit, p. 5.

[202] Ob. cit., p. 60.

[203] MARÍA LLOBREGAT aponta como exemplos, o sinal *"Apple Pie"* para designar *"Pot-Pourri"*, recusado pelos EUA por se tratar de uma marca descritiva e sem carácter distintivo, na medida em que o sinal descrevia claramente importantes características do produto por se tratar, desde logo, de um odor limitado; contudo, já o aroma de *"limões frescos"* para atoalhados, cuja representação gráfica poderia ser a sua descrição como *"odor a limões frescos"*, não parece levantar problemas uma vez que o odor a limão deixa de ser genérico se aplicado a produtos nos quais não constitui uma componente essencial do seu fabrico. Neste caso, a marca seria quando muito sugestiva, pois sugeriria ao consumidor certas características das toalhas sem descrever o produto - ob. cit., pp. 64 ss.

[204] Ob. cit., p. 99.

do Direito dos *Brevets*[205] e, acrescenta MARIO FABIANI, dos direitos de autor[206], por outro, encontram-se menções expressas à sua aceitação. Neste sentido, LUIGI MANSANI[207] e PAOLA GELATO[208] ao analisarem o já referido carácter meramente exemplificativo do art. 2.º da Directiva e do art. 4.º RMC, defendem que nada consta nestas disposições que constitua obstáculo ao registo de marcas olfactivas, desde que graficamente representáveis e distintivas.

2.1. *A representação gráfica das marcas olfactivas*

A questão da representação gráfica, é um dos pontos mais criticados no reconhecimento das marcas olfactivas e, como se lê em MARIE DUBARRY, instalou-se uma polémica quanto à escolha dos meios para a efectivar[209].

Para STEFANO SANDRI e SERGIO RIZZO, o problema reside no facto de o sinal olfactivo não permitir uma representação gráfica imediata, em si mesmo, mas apenas uma mediata, muito dificultada pela inexistência de uma forma de descrição unanimemente reconhecida.

Contudo, e ao contrário dos sinais gustativos,[210] parece que os odores, usando várias formas, podem ser representados por escrito. Exemplificando, LLOBREGAT refere que sendo os perfumes misturas complexas de compostos voláteis que libertam aromas distintos, pode descrever-se o odor com base em termos qualitativos, recolhidos das experiências vividas, como o *"odor a erva recentemente cortada"*.

---

[205] SÉBASTIEN CALMONT e STÉPHANIE BOUVARD, *La Protection de l'Odeur par la Proprieté Industrielle*, http://droitntic.ifrance.com/exposepi9.html

[206] MARIO FABIANI, *La Protezione Del Profumo Tra Marchio D'Impresa e Diritto Di Autore*, IDDA, Ano LXXVI, 3, P. 325 ss. A relação da marca com o direito de autor é também analisada por FERNÁNDEZ-NÓVOA, ob. cit., p. 256 ss.

[207] LUIGI MANSANI, *Marchi Olfattivi*, RDI, 1996, Parte Prima, p. 262 ss.

[208] PAOLA GELATO, *Registrabilità Dei Marchi Di fraganza E Sonori*, in Contratto E Impresa, 1998, 2, p. 619 ss.

[209] MARIE DUBARRY, *La Protection Juridique d'une Fragrance*, Intellex, 2000, p. 43 ss.

[210] Que LLOBREGAT claramente afirma duvidar algum dia, poderem ser registáveis a título de marca na medida em que só podem ser apreciados, enquanto marca, depois de saboreados logo, num momento posterior ao da venda e já fora do circuito económico. Ob.cit., p. 102.

A mais *tradicional* representação gráfica de aromas consiste numa metodologia de *"avaliação sensorial"*[211] assente em listas de termos estandardizados de percepções sensoriais, das quais há registo de pelo menos oito[212] – entre 1756 e 1964. Contudo, adverte DEBRETT LYONS, este método tem o inconveniente de ser extremamente subjectivo o que apresenta problemas ao nível da propriedade industrial, cujas modalidades de protecção exigem um objecto concretamente delimitado.

Além da *"avaliação sensorial"* existem, como salientam LLOBREGAT[213] seguindo DEBRETT LYONS, PAOLA GELATO e SANDRI e RIZZO, a *cromatografia de gases*[214] e a *cromatografia líquida de alto rendimento* – que usadas em conjunto permitem separar e analisar os

---

[211] No mesmo sentido DEBRETT LYONS, ob. cit.

[212] A primeira lista, proposta em 1756 por *Linnaeus*, é composta por 7 classes de odores (aromáticos, fragrâncias, ambrosíacos, aliáceos, hircinos, repulsivos e nauseabundos); a segunda lista, proposta em 1895 por *Zwaardemaker* é composta por 30 sub classes (frutados, cerosos, etéreos, cânfora, cravo-da-índia, canela, anís, menta, tomilho, rosas, limão, amêndoa, jasmin, rebentos de laranja, lírios, violetas, baunilha, âmbar, almíscar, alho francês, cheiro a peixe, bromo, queimado, cheiro a fenol, *"caprioc"*, urina de gato, narcóticos, *"bed bug"*, a carnc putrefacta e a fezes); a terceira lista, de *Henning* data de 1915, classifica os aromas em seis classes (especiarias, frutados, florais, a queimado, resinosos e desagradáveis); em 1927, a *Croker and Henderson* apresenta uma lista composta por 4 classes (fragrância, queimado, apimentado e ácido); em 1952, *Amoore* apresenta uma classificação assente em 7 classes (Etéreo, cânfora, menta, floral, almíscar, putrefacto e os não olfactivos, designados por pungentes); *Schultz* em 1964 reúne 9 classes (étereos, apimentados, fragrâncias, doces, queimado, sulfurosos, a gordura, a ranço e metálicos); *Wright and Michaels*, no mesmo ano, apresentam uma classificação em 8 classes (*"hexyl-acetate"*, especiarias, benzonaftol, citrino, afectivo, resinoso, desagradável, considerando ainda os não olfactivos – *"trigeminal"* (relativo ao nervo trifacial); finalmente, ainda em 1964, *Harper and Co-Workers* propõe a classificação mais extensa de todas, que divide os aromas em 44 classes (frutosa, a sabão, etéreo, cânfora, aromático, especiarias, menta, citrinos, amêndoas, floral, fragrância, baunilha, animais, almíscar, alho, amoníaco, queimado, ácido fénico, adocicado, repulsivo, fecal, resinoso, pútrido sulfuroso, ácido, gordura, rançoso, metálico, carne, mofo, erva, sangue, vegetais cozinhados e não olfactivos – pungente e mais cinco). DEBRETT LYONS. Ob cit.

[213] Ob. cit., pp. 103 ss.

[214] Utilizada, por exemplo, pela *Sociedade Lancôme Parfums et Beauté*, em 1997, para representar graficamente o odor de morango, para assinalar produtos de banho e de perfumaria; embora tenha conseguido determinar a natureza das moléculas, não conseguiu delimitar com exactidão a fragrância global do produto; SÉBASTIEN CALMONT e STÉPHANIE BOUVARD, ob.cit.

78 A Marca Olfactiva

voláteis libertados pelos aromas, conseguindo-se uma informação qualitativa e quantitativa sobre misturas complexas. Destes exames, resulta um gráfico – o *cromatograma*[215] – que representa as quantidades dos compostos, medidas em função do tempo necessário para a sua separação dos demais. Depois de se saberem os compostos existentes (através do *cromatograma*), poder-se-á saber a estrutura química de cada um deles através da *espectrometria de massas* (que parece ser extremamente eficaz[216]), da *ressonância magnética nuclear* e da *espectroscopia de infravermelhos e ultra violeta*. Daqui resulta, em suma, um *aromograma*. Através do *cromatograma* e do *aromograma* pode representar-se graficamente um odor, sem se revelar a sua composição química que permanece convenientemente em segredo empresarial. Contudo, estes meios de representação gráfica são excessivamente formais e, segundo LUIS ARCALÁ[217], um sistema tão sofisticado é sobretudo uma reprodução abstracta própria de especialistas que dificilmente transmite ao examinador a impressão adequada sobre a delimitação e a distintividade do sinal.

---

[215] Visualmente muito semelhante a um electrocardiograma.

[216] Como sublinha PAOLA GELATO, a utIlização conjunta da *cromatografia de gases* e da *espectrometria de massas* fornece uma informação muito precisa quanto à concentração e à estrutura química dos compostos de uma fragrância. Idem, LUIGI MANSANI, Ob. Ci.

[217] MARCO ARCALÁ, *Las Causas de Denegación de Registro de la Marca Comunitaria*, Tirant lo Blanch, Valencia, 2001, p. 133 ss.

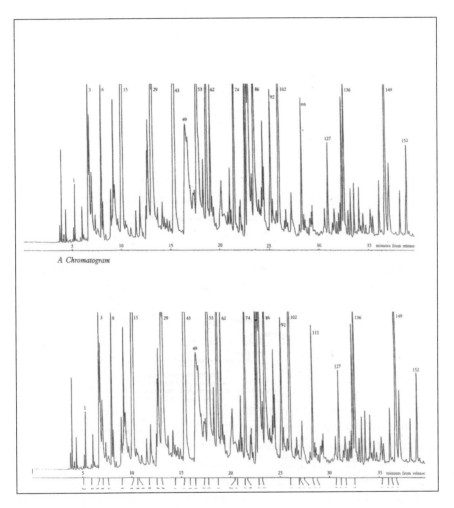

Fig. 1 – Cromatograma e Aromograma

Fonte: **Lyons, Debrett** – *Sounds, Smells and Signs,* EIPR, 1994, 16, 542.

A par destes processos técnicos, JANI MCCUTCHEON indica ainda a *representação digital*[218] como a melhor forma de criar uma linguagem

---

[218] A tecnologia da digitalização de aromas consiste em alterar as experiências interactivas através da aromatização de filmes, jogos, música, animação ou qualquer outro meio digital.

comum e universal, e uma interpretação consistente e uniforme da marca. Apesar dos custos e da necessidade de peritos implicados na criação da representação digital, a autora refere que estes não seriam superiores ao custo médio de um pedido de marca tradicional.

Salienta PAOLA GELATO que os processos de representação gráfica supra referidos, se complexificam quanto mais complexas forem as fragrâncias e por essa razão a indústria do perfume tem recorrido a outras formas de as representar, nomeadamente através da *descrição verbal*, comparando-as com odores e fragrâncias conhecidos em todo o mundo. Mas se por um lado, uma descrição verbal detalhada pode limitar a tutela do odor descrito face a similares, com origens empresariais diferentes (uma vez que só se protege o detalhe central do odor, resultado da descrição) por outro, uma descrição simples amplia-a demasiado, abarcando todos os perfumes com características similares à do registando. Assim, segundo PAOLA GELATO e MANSANI, a questão está na complexidade da fragrância, pois enquanto que para as simples[219] a descrição verbal é satisfatória, para as complexas é imprecisa, sendo necessário fazê-la acompanhar pela representação gráfica obtida pelo procedimento cromatográfico e, eventualmente, pela *fórmula química* dos elementos que não possam ser de outro modo identificados[220].

Nestes termos, para se registar um odor, como refere MANSANI, e até que as técnicas disponíveis não conduzam a resultados mais satisfatórios, ao requerente resta, para efeitos de representação gráfica, começar pela descrição verbal e só depois recorrer aos restantes meios com o estrito fim de identificar o objecto do sinal.

Concluem SANDRI e RIZZO que o *"nariz"* e as *"palavras"* são ainda os meios mais eficazes e credíveis para se definir um odor pois, tal como refere LUIS ARCALÁ, a representação gráfica é algo mais do que uma simples codificação técnica porque deve expressar o sinal olfactivo tal como é percepcionado pelo público. E nestes termos, sublinham SÉBASTIEN CALMONT e STÉPHANIE BOUVARD, é impossível ao público adquirir uma ideia precisa do odor com uma *cromatografia*;

---

[219] Como o odor a rosas, a lavanda, a limão ou a menta.

[220] Idem, LAMBERTO LIUZZO, *Alla Scoperta Dei Nuovi Marchi*, RDI, 1997, Parte Prima, p. 123 ss.

A Marca Olfactiva 81

assim, propõem que a representação gráfica técnica seja acompanhada por uma descrição breve e pela colocação de amostras da fragrância ao acesso do público. Os autores reconhecem contudo, que a sua proposta pode tornar excessivamente pesado o formalismo do pedido de registo.

É pelo teste da representação gráfica de sinais não convencionais, que LUTZ G. SCHMIDT afirma ser a definição de marca do legislador comunitário, muito mais reduzida do que se possa pensar. De facto, para este autor, foi precisamente pela exigência da determinação clara e inequívoca do exacto alcance do sinal e da sua percepção ordinária pelo público, sem recurso a medidas de descodificação, que se (de)limitaram substancialmente os tipos de sinais registáveis[221].

2.2. *A distintividade das marcas olfactivas*

a) *Da acessibilidade do produto/serviço olfactivo e da sua percepção pelo consumidor*

O confronto entre o consumidor e o produto/serviço *"olfactivo"*, antes da aquisição, é para LLOBREGAT imprescindível, uma vez que se aquele o adquirir sem o distinguir pelo odor, a marca olfactiva perde o seu carácter distintivo no momento em que o deve ter, o da venda, e assim não pode ser legalmente protegida. No mesmo sentido, BETTINA ELIAS[222] defende que o consumidor tem que ter acesso ao produto olfactivo antes de o adquirir, porque só assim um aroma pode indicar a proveniência empresarial e influenciar a decisão de compra. Ensina ainda que, se se esperar que o consumidor percepcione o aroma apenas na sua casa, esgota-se completamente a possibilidade de funcionar como marca no ponto de venda.

Quanto ao acesso do consumidor ao produto olfactivo no acto da compra, HELEN BURTON distingue os casos em que o odor é percep-

---

[221] LUTZ G. SCHMIDT, *Definition of a Trade Mark by the European Trade Marks Regime – A Theoretical Exercise?, in* International Review of Industrial Property and Copyright Law, n° 6/1999, Vol. 30, p. 738 ss.

[222] BETTINA ELIAS, *Do Scents Signify Source: an Argument Against Trademark Protection for Fragrances,* 82 TMR, pag 475 ss.

tível, como acontece com os sabonetes, daqueles em que não o é devido à embalagem[223], como acontece com os ambientadores; neste caso será necessária uma percepção *provocada* através da divulgação do aroma pela distribuição prévia de amostras nomeadamente, refere MARIE DUBARRY, através de autocolantes perfumados – *«scent's strips»* – colocados em revistas[224].

SANDRO e RIZZO delegam para segundo plano o confronto entre o consumidor e o produto olfactivo, uma vez que o detalhe do aroma só se realça depois da avaliação de outras características; aceitam contudo, que a preferência do consumidor por um produto pode resultar do facto de exalar um odor mas, insistem, esse elemento não será utilizado na aferição da proveniência empresarial. Assim, sublinham a necessidade de indícios visualmente perceptíveis para que o consumidor defina inequivocamente a fonte do produto; HELEN BURTON embora de acordo, acrescenta que numa ideia rotina o aroma possa ser posteriormente utilizado para localizar a origem do produto.

De facto, o consumidor pode adquirir um produto ignorando o odor, o que não invalida que repita a aquisição em virtude dessa originalidade olfactiva (omissa ou desconhecida antes da experiência sensorial); até porque pode acontecer que um produto olfactivo nunca venha a ser experimentado pelo seu consumidor nomeadamente, exemplifica JANI MCCUTCHEON[225], nos casos dos automóveis que no painel de bordo têm instalado um difusor que emana aromas de hortelã-pimenta ou de limão-mentolado para despertar condutores sonolentos[226]. Num caso destes, os condutores particularmente atentos, embora consumam um produto olfactivo nunca o experimentarão; no entanto, essa qualidade olfactiva pode ser decisiva para um determinado consumidor, mesmo que nunca a percepcione.

---

[223] Contudo, para MARIE DUBARRY o odor, não sendo uma característica natural do produto, liberta-se da embalagem dada a sua forte concentração, sendo precisamente esse poder de movimento e de ocupação do espaço, pelos aromas, a não permitir o seu domínio hermético. MARIE DUBARRY, ob. cit.

[224] Ob. cit., pp. 43 ss.

[225] JANI MUCCUTCHEON, *The Registration of Sounds and Scents As Trademarks Under Australian Law*, IPQ, 2004, 2, p. 141.

[226] Como explica ANDREA HIRL, este sistema consiste numa câmara instalada no automóvel, que decifra imagens; um dispositivo fixa o modelo das pálpebras do condutor e avalia a sua tendência geral para pestanejar. Se a frequência do pestanejar se alterar, pela

A Marca Olfactiva

b) *Produtos naturalmente não-odoríferos versus naturalmente odoríferos*

Reconhecendo a dificuldade de registo dos sinais olfactivos pela via da distintividade, ANNE MARIE PECORARO[227] distingue marcas olfactivas que assinalam produtos não naturalmente odoríferos das que assinalam os naturalmente odoríferos[228].

Quanto aos não naturalmente odoríferos, a marca olfactiva não parece ser para alguma doutrina tão chocante como o é relativamente aos naturalmente odoríferos. Mesmo assim, quanto àqueles, PIERRE CÉLIER refere que a sua protecção pode ser deceptiva ao estabelecer uma associação a um elemento que não pertence ao produto ou enganosa, ao associar odores nobres a produtos que não o são.

Quanto aos naturalmente odoríferos, a doutrina em geral afasta do Direito das Marcas o perfume dada a sua falta de distintividade e o facto de corresponder a um valor substancial do produto[229]. Com efeito, enquanto que o odor se torna funcional num perfume (porque o valor substancial é o da fragrância) já num produto desprovido de características odoríferas não o é. Neste sentido, o *Office* dos EUA tem recusado o registo de aromas quando são funcionais, nomeadamente quando designam perfumes, colónias ou ambientadores[230].

---

descodificação que resulta da mudança do movimento das pálpebras, presume-se que a sonolência está patente e que pode haver perigo sendo o odor emanado para despertar o condutor. Para mais informações, ver http://www.exn.ca/Templates/printstory.asp? PageName=Discovery&story_id.

[227] ANNE MARIE PECORARO, *"De Certaines Contraintes Juridiques du Marketing Sensoriel"*, 2005, palestra proferida num Colóquio organizado por estratégias disponível em http://www.bignonlebray.com/departements/pint/article.php3?id_article=334.

[228] Quanto a estes, o interesse do empresário é particularmente significativo na medida em que pode pretender proteger um perfume não só pelo nome sob o qual é comercializado, ou pela forma do frasco onde é vendido, mas também pelo aroma em si. Mas PECORARO assume a dificuldade de registo de uma marca olfactiva aplicada a perfumes, devido ao problema da distintividade. É que num caso destes, a marca descreverá as qualidades substanciais do produto, sem conseguir identificar a sua origem, ou fonte, nem distingui-los dos concorrentes.

[229] MARIE DUBARRY, ob. Cit.

[230] JEROME GILSON e ANNE GILSON LALONDE, *"Cinnamon Burns, Marching Ducks an Cherry-Scented Racecar Exhaust: Protecting Nontraditional Trademarks"*, in TMR, 2005, 95, P. 773 ss.

SIMON COCKSHUTT e MARIA FRANGESKIDES, referem explicitamente que os pedidos de marcas olfactivas falham quando o produto é o aroma logo, a marca olfactiva não pode ser concedida para um perfume ou *aftershave,* porque o produto já é o aroma[231].

PIERRE CÉLIER explica que as marcas olfactivas que assinalam produtos odoríferos são descritivas e genéricas porque se reportam à categoria do produto que assinalam. E neste sentido, PAOLA GELATO[232] afasta do registo as fragrâncias exclusivamente genéricas e descritivas em relação ao produto que assinalam, como o odor de *"sabonete"* para *"espuma de banho"* ou o de *"cacau"* para *"chocolate"* e em certa medida as fragrâncias que resultam exclusivamente das características técnicas dos produtos que designam[233], sob pena de se reduzir a possibilidade de concorrência. É que, como refere, em muitos produtos, como os detergentes, a presença de um determinado aroma é necessária para dissimular os odores desagradáveis dos restantes componentes.

MANSANI acrescenta a este rol de exclusões aprioristas, as fragrâncias consideradas de uso habitual para designar certos produtos, exemplificando com o odor de *"limão"* para *"detergente para lavar a loiça"* e no mesmo sentido, SANDRI e RIZZO exemplificam com o de *"lavanda"* para *"ambientadores"*. Perfilha a mesma doutrina, salientando contudo a desnecessidade de o odor ter de ser original ou complexo para ser marca olfactiva, LAURENT CARRIÈRE[234] para quem a

---

[231] SIMON COCKSHUTT e MARIA FRANGESKIDES, *"Olfactory Trade Marks"*, *in* Coudert Brothers Global Legal Advisers, Newsletter Issue, 2004, n.º 4, p. 5 e 6.

[232] Com base no disposto no art. 18.º da Lei Italiana de Marcas, segundo o qual não podem ser registados como marcas sinais exclusivamente constituídos por denominações genéricas e descritivas do produto. PAOLA GELATO ob. cit. p. 623.

[233] Contudo, é perfeitamente admissível o registo de marcas olfactivas para cosméticos e detergentes, uma vez que a característica essencial não é a de serem perfumados, mas sim de perfumarem e de tornarem a pessoa mais *"bonita"*. Assim, poder-se-á utilizar, legitimamente, uma marca olfactiva para um gel de banho perfumado, porque a função e a característica essencial desse produto não é a de perfumar. PAOLA GELATO ob. cit. p. 625

[234] LAURENT CARRIÈRE, *La Protection Statutaire des Marques Non Traditionnelles au Canada – Quelques Réflexions sur leur Enregistrabilité et Distinctivité, Développements Récents en Droit de la Propriété Intellectuelle.* Bareau du Québec, 1999, P. 36 ss.

A Marca Olfactiva

questão principal depende, além da distintividade, de se tratar de uma marca olfactiva *primária, secundária* ou *única*[235].

O odor tem de ser, conclui-se, *arbitrário* em relação ao produto e tratando-se de *sinais olfactivos arbitrários,* SANDRI e RIZZO consideram eventualmente a sua admissibilidade como marcas olfactivas, enquanto SÉBASTIEN CALMONT e STÉPHANIE BOUVARD[236] os aceitam expressamente. Numa posição claramente de recusa está AMÉRICO DA SILVA CARVALHO[237] que, seguindo a posição de MARIE ANGÈLE PEROT-MOREL, a fundamenta com a instabilidade do odor no tempo e no espaço.

Mas, mesmo afastando-se as fragrâncias tendencialmente descritivas e genéricas e ficando as arbitrárias, a distintividade dos aromas continua a não ser simples. A associação que o consumidor estabelece entre um sinal gráfico explícito, tradicional e a origem de um produto é mais sensível do que aquela que estabelece quando está em causa um sinal olfactivo, no entanto não é motivo suficiente para que se exclua a sua potencialidade distintiva sob pena, para LLOBREGAT, de se negar a existência do olfacto no ser humano.

Em sentido contrário, MARIE DUBARRY defende poderem existir marcas olfactivas para produtos naturalmente odoríferos, desde que não descrevam as características dos mesmos e assinalem simplesmente o produto pela sua distintividade. Nestes termos, e debruçando-se sobre o perfume, refere que sendo as suas características o odor, a composição, a cor e a concentração, estas não serão designadas pelo sinal olfactivo, até porque está fora de questão um fabricante de perfumes revelar as matérias primas que utiliza. Assim, para DUBARRY, desde que seja uma escolha deliberada, fantasiosa e singular, o odor pode qualificar – sem designar – uma característica odorífera e ser distintivo.

---

[235] Como refere o autor, por *marcas olfactivas primárias* entendem-se os odores que constituem o motivo principal da compra, ou seja, perfumes e desodorisantes; serão *marcas olfactivas secundárias,* aquelas em que os odores não constituem a primeira função do produto mas são parte integrante do mesmo, como acontece com o sabão; finalmente, *marcas olfactivas únicas* serão aquelas em que o odor não tem nenhuma relação com o produto como o aroma de lírios aplicado a lápis ou a água mineral. LAURENT CARRIÈRE por referência ao estudo de JANE HAMMERSLEY *«The Smell of Sucess: Trade Dress Protection for Scent Marks», in* Marquette Intellectual Property Law Review, n.º 105, P. 124-126.

[236] SÉBASTIEN CALMONT e STÉPHANIE BOUVARD, ob. cit., p. 6.

[237] AMÉRICO DA SILVA CARVALHO, ob. cit., p. 34.

c) *A publicidade e o secondary meaning ao serviço da distintividade*

A ameaça da falta de distintividade dos sinais olfactivos pode ser superada, para grande parte da doutrina, pelo recurso à publicidade e ao *secondary meaning.*

Publicidade:

Para LLOBREGAT dificuldade não é sinónimo de impossibilidade, pelo que uma das vias possíveis é atribuir ao sinal olfactivo, antes do registo, a distintividade de que carece através da publicidade *persuasiva*[238], como estímulo das emoções do consumidor.

LLOBREGAT considera não dever negar-se a um empresário a promoção, através da publicidade adequada, de produtos assinalados por um sinal olfactivo. As marcas olfactivas podem tornar-se distintivas pela via de uma campanha publicitária que desenvolva o olfacto do consumidor[239] e para tal, este deve ter acesso ao odor do produto antes da sua aquisição de forma a poder, pela relação odor ⇔ produto/serviço, distingui-lo dos similares que coexistam no mercado. Partindo do mesmo pressuposto, LUIGI MANSANI e PAOLA GELATO falam numa aquisição do direito ao registo proveniente de um *pré-uso.* MANSANI propõe a difusão do produto *olfactivo,* primeiro numa amostra territorial limitada seguida de uma campanha publicitária[240] e depois de um alastramento no espaço, mas PAOLA GELATO defende que a apresentação do produto não deve ser *ad initio* meramente local.

---

[238] Por oposição à publicidade informativa dirigida à parte racional do consumidor. STEFANO SANDRI e SERGIO RIZZO, ob. cit.

[239] Realça a autora que quando se entra num estabelecimento de produtos perfumados, há uma mistura e confusão de aromas, tal como acontece com os sinais gráficos se o consumidor for confrontado com todos ao mesmo tempo, num verdadeiro caos visual e auditivo; cabe, assim, á publicidade potenciar a percepção.

[240] A qual ocorrerá, segundo o autor, se com a difusão do produto o consumidor não o distinguir como sinal olfactivo, referindo-se-lhe pelo recurso a outros sinais distintivos apostos no produto. LUIGI MANSANI, ob. cit,.

Secondary meaning:

Por *secondary meaning* entende COUTO GONÇALVES, a conversão de um sinal à priori privado de capacidade distintiva num sinal distintivo de produtos ou serviços, reconhecido como tal no tráfico económico através do seu *significado secundário*[241]. Visto do lado do consumidor, AMÉRICO DA SILVA CARVALHO define-o como o reconhecimento, pela Lei, do efeito psicológico dos símbolos no comércio sobre a mente do comprador[242].

Reconhecido pelo n.º 3 do art. 3.º da Directiva e pelo n.º 2 do art. 51.º do RMC, o *secondary meaning* pode operar antes ou depois do registo; no primeiro caso, a Directiva impôs aos Estados-membros a sua aplicação aos sinais desprovidos de carácter distintivo, descritos e usuais e, no segundo limitou-se a propor esse princípio[243].

Mas apesar desta janela aberta deixada aos sinais olfactivos (perfilhada também por PAOLA GELATO[244]), LLOBREGAT interroga-se se compensará a um empresário promover os seus produtos/serviços através de um sinal não gráfico[245], pois até que o *secondary meaning* se solidifique, o empresário permanece desprotegido de terceiros usurpadores.

Nestes termos, o conselho de LLOBREGAT é o de que os empresários promovam *a priori* os seus produtos por um sinal tradicional e *a posteriori* (depois de conseguido o *secondary meaning)*, solicitem o seu registo como marca olfactiva. Com efeito, o odor – ao ser uma característica ornamental ou funcional do produto – carece *ad initio* de distintividade podendo adquiri-la pelo *secondary meaning* desde que, como salienta HELEN BURTON[246], o consumidor a) tenha acesso ao aroma, b) reconheça, pelo aroma, a fonte do produto e c) seja capaz de identificar, fiel e frequentemente, a fonte pelo aroma. Mesmo

---

[241] LUIS COUTO GONÇALVES, *Direito das Marcas*, Almedina, Coimbra, 2003, p. 98 ss.

[242] AMÉRICO DA SILVA CARVALHO, *Direito de Marcas*, p. 261ss.

[243] LUIS COUTO GONÇALVES, ob. cit. p. 98.

[244] PAOLA GELATO, ob. cit., p. 624.

[245] Como a autora afirma, é muito mais económico para o empresário, o recurso a sinais gráficos.

[246] HELEN BURTON, *The UK Trade Marks Act 1994: An Invitation to an Olfactory Occasion?*, EIPR, 1995, 17, p. 378 ss.

88 *A Marca Olfactiva*

assim parece à autora insuficiente, para efeitos de *secondary meaning*, a associação entre a fragrância e a respectiva fonte feita pelo consumidor.

d) *Risco de confusão e contrafacção*

Outros aspectos sensíveis, em sede de distintividade, prendem-se com o risco de confusão e com a contrafacção.

Quanto ao risco de confusão, a solução segundo LLOBREGAT será o recurso pelos Tribunais, à comparação das cromatografias dos aromas controvertidos, bem como à análise, pela diminuição dos índices de venda, dos danos do titular do aroma registado.

No que respeita à contrafacção, PAOLA GELATO[247] defende que o único critério minimamente credível consiste na comparação das fragrâncias pelo *confronto sensorial*[248]. É que, refere, a comparação

---

[247] PAOLA GELATO, ob. cit., p. 625.

[248] Se bem que a autora reconheça ser muito difícil a comparação técnica da semelhança das fragrâncias em confronto, até porque o destinatário da marca é o consumidor médio e não o químico. Enquanto este consegue distinguir diferenças pormenorizadas entre as fragrâncias, aquele terá uma percepção totalmente diferente.

O confronto sensorial pode ser feito pela *metrologia sensorial* ou pelos *métodos de análise sensorial*. A *metrologia sensorial*, também conhecida como *"o nariz electrónico"* é feita através de equipamentos designados por *"detectores de odores"*. Embora não sejam perfeitos, nem atinjam a sensibilidade e as performances do orgão sensorial humano, esses equipamentos apresentam as seguintes vantagens: 1.ª – Objectividade da medida, resultado da abstração das referências culturais susceptíveis de falsear a análise pessoal; 2.ª – Expressão do resultado num sinal numérico absoluto, que assegura a perenidade e a reprodutibilidade. Independentemente das suas imperfeições, a metrologia sensorial confirma a comparação de odores préviamente realizada por outros métodos, suprimindo-se a subjectividade. Os equipamentos de *metrologia neuro-sensorial*, são máquinas compostas por detectores de gás, isto é, de odores, e por um calculador que analisa os resultados obtidos pelos sensores. O calculador realiza uma análise de intensidades e qualidades, calculando a intensidade dos compostos voláteis. Em suma, essas máquinas empregam detectores sensíveis a uma mensagem olfactiva pela emissão de sinais eléctricos que, numerados e tratados, representam a mensagem olfactiva, podendo ser utilizados para fins de comparação e/ou de arquivo.

Os *métodos de análise sensorial* destinam-se ao exame das propriedades organolépticas de um produto sobre os orgãos dos sentidos. Não é um método arbitrário, obedecendo a rigorosas regras científicas objecto de normas internacionais. Estes métodos permitem estabelecer (com base numa aproximação dos sujeitos com percepções em parte

A Marca Olfactiva

pelos procedimentos cromatográficos e técnicos poderá ser perigosa ao permitir concluir que os aromas em confronto, embora similares ao olfacto, sejam tecnicamente distintos por não terem a mesma reacção química.

Para LUIGI MANSANI, que sublinha a dificuldade do confronto de marcas olfactivas[249] – devido à sua natureza intrínseca e à sua heterogeneidade perceptiva – a única via possível parece ser também a do *confronto sensorial*. Contudo, não lhe passa despercebido o problema de se determinar se o confronto deva ser técnico[250] ou jurídico. Com efeito, repare-se, a intervenção de um técnico realça características do odor que passam despercebidas ao consumidor médio. As fragrâncias são compostas por uma *nota de cabeça*[251] mais acentuada – que se esbate –, por uma *nota de coração*[252] – súmula das características básicas do perfume – e por uma *nota final*[253] – que persiste – donde resulta que a sensação que suscitam pode depender mais de uma nota particular do que do seu conjunto; ora a capacidade para fazer sobressair a nota específica do conjunto, só pode ser feita por um especialista.

---

subjectivas), uma análise comparativa de diversas fontes sensoriais, e fornecem ao juiz os resultados objectivos que lhe permitirão apreciar o grau de semelhança entre um aroma original e um reproduzido. Podem ainda ser utilizados os descritores admitidos em perfumaria. PIERRE BREESE, *Propriété Intellectuelle des Créations Sensorielles* disponível em http:// www.breese.fr; idem MARIE DUBARRY, ob. cit., p. 56 ss.

[249] Como aconteceu entre o perfume *"Angel"* de *Thierry Mugler* e o perfume *"Nirmala"* de *Molinard*. Com efeito, *Mugler* considerou que as notas do perfume de *Molinard* eram muito próximas das do seu perfume; aliás da comparação das fórmulas químicas resultava uma similitude de 85%. SÉBASTIEN CALMONT et STÉPHANIE BOUVARD, ob cit.

[250] Com a intervenção de um especialista, dentre os intervenientes na indústria perfumadora, com um olfacto particularmente apurado.

[251] A *nota de cabeça*, também designada por *nota de topo*, marca o impacto inicial do aroma no olfacto ao primeiro contacto com o perfume; apresentando-o de forma memorável se bem que dure apenas alguns minutos. *Complete Editions Ltd, La Dolce Vita – Perfumes,* Edições Asa, 2003, p. 23.

[252] Depois da *nota de cabeça* se dissipar, surge a *de coração*, que reune os ingredientes que foram compilados para perdurarem por mais tempo do que os da *nota de cabeça*; pode durar várias horas. *Complete Editions Ltd, ob cit.*

[253] Nesta nota, o criador de perfumes usa os ingredientes mais duradouros, fixantes, que conferem ao perfume a substância e a durabilidade. Mesmo depois da *nota de coração* se dissipar, o perfume permanece por mais tempo chegando a durar dias. *Complete Editions Ltd, ob cit.*

Para SANDRI e RIZZO, o recurso a uma consulta técnica oficiosa com funções de auxílio ao julgador é inevitável, salvaguardando-se o ónus da prova das partes.

Apesar destas alternativas, MANSANI insiste na subjectividade, imprecisão e instabilidade[254] na percepção do odor, que varia em função do ambiente e das condições em que é feita, embora a subjectividade se "objective", segundo LLOBREGAT, pelas *cromatografias.*

Para PIERRE BREESE, as técnicas científicas para comparar fragrâncias devem ser aplicadas não às suas composições, mas às suas mensagens olfactivas. É que, ensina, duas formulações diferentes podem desembocar na mesma mensagem olfactiva no sentido de que dois componentes, totalmente diferentes, podem transmitir a mesma mensagem olfactiva. Ao contrário, dois produtos com fortes semelhanças químicas podem levar a um efeito olfactivo muito diferente. Isto resulta do facto de uma molécula produzir uma forte impressão olfactiva alterando a natureza das restantes. Segundo BREESE, os métodos sensoriais e os de análise físico-química – como o *nariz electrónico* e a *cromatografia gasosa* conjugados com a *espectometria de massas* – já permitem resultados comparativos com um grau razoável de objectividade[255].

Em suma, seja em sede de representação gráfica ou de distintividade, as dificuldades impostas aos sinais olfactivos resultam da sua própria complexidade. E, como salientam SANDRI e RIZZO, quanto mais o odor se afasta da sua pureza, através das transformações industriais, mais difícil se tornam o seu reconhecimento, identificação e capacidade distintiva.

Contudo, visto os odores desempenharem um papel cada vez mais preponderante na comunicação e no marketing há, para PIERRE BREESE, que torná-los marcas, até porque um odor pode desempenhar uma função distintiva[256]. É que, recorda, a percepção de um odor por um consumidor estabelece uma relação intelectual entre uma forma sensorial memorizada e a sua origem.

---

[254] Acrescentam SANDRI e RIZZO, ob. cit..

[255] PIERRE BREESE, *The Science of a Good Nose!, An Interview With Pierre Breese*, 2006, disponível em http://www.breese.fr/modele_actu_6.php.

[256] PIERRE BREESE, *"La Difficile mais Irréversible Émergence des Marques Olfactives"*, 2003, disponível em http://www.breese.fr

Nesta esteira e defendendo a admissão de marcas olfactivas, SÉBASTIEN CALMONT e STÉPHANIE BOUVARD, salientam que a sua imposição começa na distinção entre produtos não naturalmente odoríferos dos naturalmente odoríferos e termina na aceitação definitiva dos métodos de análise actuais que satisfazem a representação gráfica, especialmente se acompanhados por um descritor comum. Contudo, reconhecem, este descritor é muito mais fácil para os odores simples do que para os complexos, pelo que novas dificuldades se apresentam na definição desse descritor.

Seja como for e reconhecidas as dificuldades da representação gráfica e da distintividade dos sinais olfactivos, nalguns ordenamentos jurídicos a sua consagração é expressa e o registo aceite. No entanto, a evolução nesse sentido tem sido muito tímida, pelo que a aparente sofisticação dos ordenamentos jurídicos que aceitam sinais olfactivos ainda é não a regra mas a excepção.

2.3. *As vantagens e as desvantagens das marcas olfactivas*

FAYE HAMMERSLEY aponta várias vantagens para um operador económico registar marcas olfactivas, desde logo pela relação entre o aroma e a sua memorização. De facto, ensina, quando a maior parte das pessoas pensa que recorda um aroma, está na realidade a relembrar um objecto ou o ambiente em que a sua percepção ocorreu. Nestes termos, um aroma usado num produto sugere ao consumidor a sua fonte, ou seja, os operadores que apliquem fragrâncias aos produtos tornam-nas um indicador importante para a sua identificação.

Uma vez percebida essa potencialidade do aroma, com a figura do registo protege-se a sua reputação que entretanto se gerou no espírito dos consumidores; estando protegido, o aroma funcionará como incentivo ao investimento no desenvolvimento do produto onde está aplicado.

A protecção das marcas olfactivas facilitará também a avaliação do produto feita pelo consumidor porque, tal como acontece com todas as marcas distintivas, diminuirá os custos de procura de informação. Com efeito, um determinado aroma permite ao consumidor, antes da aquisição, avaliar rapidamente as qualidades e características do produto. Neste sentido, o registo determinará o operador económico com direito ao uso exclusivo daquele aroma, reduzindo consequentemente o risco de confusão entre os consumidores e o custo de procura de informação sobre o produto odorizado.

HAMMERSLEY alerta para o facto de que o incremento da competitividade pode levar à negação da protecção das marcas olfactivas e prevalecer sobre o risco de confusão dos aromas. Neste sentido, a negação das marcas olfactivas incrementará a competitividade pela via da imitação e aumentará o risco de confusão devido à memorização dos aromas, resultado do contexto da sua percepção; e neste caso, a menos que o operador económico identifique o produto com outro sinal – visualmente perceptível – os consumidores ficarão *confusus* porque usarão primeiro o aroma nas suas decisões de compra.

HAMMERSLEY refere ainda que o interesse do consumidor deve ser protegido depois da venda do produto, salvaguardando os benefícios das marcas olfactivas no caso da teoria *post-sale confusion*. A este respeito a autora realça o facto das marcas olfactivas, pela sua própria natureza, não gozarem de outras formas que possam ser usadas na determinação do operador económico de onde provêm. Com efeito, aplicado um aroma, o público está ao mesmo limitado para averiguar a respectiva proveniência empresarial pelo que, se registada, a marca olfactiva não só o protege do risco de confusão como o auxilia na definição da origem.

Finalmente, o registo das marcas olfactivas, ao promover a competitividade, enfraquecerá a actividade de terceiros usurpadores – ou "free-rider's" – ou seja, dos competidores que conscientemente pirateiam a reputação de uma marca por não lhes ser permitido o uso de aromas na actividade usurpadora.

Quanto ás desvantagens das marcas olfactivas, estas prendem-se essencialmente com as dificuldades no preenchimento dos requisitos formal e material. Com efeito, e como já foi exposto, a descrição de um aroma é problemática pela falta de uma forma inequívoca de representação gráfica, além de que, como salienta HAMMERSLEY, a reacção dos terceiros interessados face à publicação de um pedido de marca olfactiva pode ser a imediata alegação de funcionalidade (no caso das marcas olfactivas primárias e secundárias, para as quais se exige sempre o *secondary meaning*), a inexistência de inerência distintiva (no caso das marcas olfactivas únicas), a dificuldade dos tri-

A Marca Olfactiva 93

bunais distinguirem misturas similares e a desnecessidade de um aroma ser uma marca, uma vez que existem outras formas para serem protegidos. BETTINA ELIAS[257] sublinha como principais desvantagens, a dificuldade do consumidor reconhecer uma fragrância como familiar e relacioná-la com a sua proveniência empresarial numa base credível. Além disso, e pelo lado do produtor, reconhece as dificuldades em se provar que as fragrâncias similares podem potenciar riscos de confusão e que a sua distinção é praticamente impossível sem o auxílio de especialistas.

3. A marca olfactiva no mundo

Embora os aromas possam ser registados como marcas desde que lhes confiram distintividade, não existe nenhuma obrigação a nível internacional de prever a possibilidade de registo de marcas olfactivas, cabendo às legislações nacionais a sua consagração; esta é a posição oficial da OMPI quanto ás marcas olfactivas[258].

Existem vários ordenamentos jurídicos que expressamente afastam do registo os sinais não visualmente perceptíveis. É o que resulta do art. 88.º da Lei da Propriedade Industrial Mexicana[259], do art. 8.º da Lei de Marcas da República Popular da China[260] e do art. 122.º da Lei de Marcas do Brasil[261].

---

[257] ob. cit.

[258] E também às sonoras; disponível em http://www.wipo.int/sme/fr/faq/ tm_faqs_q7.html

[259] Que se transcreve – *"Articulo 88 – Se entiende por marca a todo signo visible que distinga productos o servicios de otros de su misma especie o clase en el mercado."* - *Ley de La Propiedad Industrial* de 27 de Junho de 1991.

[260] Que se transcreve – *"Article 8 – In respect of any visual sign capable of distinguishing the goods or service of one natural person, legal entity or organization from that others, including any word, design, letters of an alphabet, numerals, three-dimensional symbols of colours, and their combination, an application may be filed for registration."* – *Trademark Law of the People's Republic of China* de 1983, revista em 27 de Outubro de 2001.

[261] Onde se lê claramente sinais *"distintivos visualmente perceptíveis, não compreendidos nas proibições legais"*. Lei 9279 de 14 de Maio de 1996. É de salientar, contudo, que para alguma doutrina brasileira, a respectiva lei admite, embora de uma forma oblíqua, o registo de sinais plurissensoriais. JOSÉ ANTÓNIO FARIA CORREA, *A Dimensão Plurissensorial das Marcas: a Protecção da Marca Sonora na Lei Brasileira*, RABPI, 2004, Edição Março/Abril.

Pelo contrário, outras jurisdições explicitamente admitem os sinais olfactivos, ou *"sensory signs"*[262], como resulta do art. 6.º da Lei de Marcas da Austrália[263] e da alínea e) do §2.52 das *"Regras de Execução"* da Lei de Marcas dos EUA[264].

Finalmente, noutras jurisdições não há, face aos sinais olfactivos, nem recusa nem admissibilidade expressa, uma vez que as legislações em matéria de marcas as definem de uma forma ampla como *"sinais susceptíveis de representação gráfica e aptos a distinguir os produtos que assinalam dos demais com outra origem empresarial"*. É no conjunto destas jurisdições, que se encontra a maior parte dos países nomeadamente Portugal.

O caso da Austrália e dos EUA merece particular destaque, dado tratar-se de um exemplo, fora do território da UE, onde os sinais olfactivos têm sido objecto de intensa reflexão. No *Acordo de Comércio Livre* celebrado entre estes países, em vigor desde 1 de Janeiro de 2005, lê-se explicitamente no art. 17.2.2 que as marcas olfactivas podem, em certos casos, ser registadas[265]. De salientar é ainda o caso do Canadá onde o registo de marcas olfactivas, embora inexistente, tem suscitado forte interesse doutrinário.

---

[262] Que abrangem igualmente os sinais sonoros.

[263] Que se transcreve – *"Sign includes the following or any combination of the following, namely, any letter, word, name, signature, numeral, device, brand, heading, label, ticket, aspect of packaging, shape, colour, sound or scent."* Sect 6 "Definitions" Trademarks Act 1995 – An Act relating to Trademarks. Contudo, como salienta LAUREN EADE, o *"Australian TradeMaks Office Examiner's Manual"* é omisso quanto à representação dos sinais olfactivos. LAUREN EADE, *Looking at Smells and Sounds: Graphical Representation of New Trade Marks*, in Australian Intellectual Property Law Bulletin, Volume 16, n.º3, 2003.

[264] Que se transcreve – *"A drawing depicts the mark sought to be registered. The drawing must show only one mark. The applicant must include a clear drawing of the mark when the application is filed.(e) Sound, scent and non-visual marks. An applicant is not required to submit a drawing if the mark consists only of a sound, a scent, or other completely non-visual matter. For these types of marks the applicant must submit a detailed description of the mark"*. U. S. Trademark Law – Rules of Practice & Federal Statues.

[265] Acontecendo o mesmo com as sonoras. Informação disponível em http://www.dfat.gov.au.

3.1. *Austrália*

Para efeitos de representação gráfica de aromas, a Austrália considera suficiente a descrição verbal do sinal, como resulta expressamente do ponto 10.º[266] do formulário do pedido de registo de marca; contudo, sublinha LORRAINE FLECK[267], nos pedidos de marcas olfactivas que constam do histórico do *Office* australiano, como o *«aroma de cerveja aplicado a dardos»*[268] e *«o aroma de limão aplicado a tabaco»*[269], nenhum se encontra registado porque os requerentes se limitaram a descrever verbalmente o odor. Nestes termos, permanece uma dúvida saber se a apresentação da descrição verbal do aroma, acompanhada pela respectiva fórmula química, é susceptível de satisfazer, ou não, o requisito formal exigido pelo *Office* australiano. E a dúvida para FLECK justifica-se, dado que a fórmula química representa os compostos e não o odor em si mesmo e não é através dela que o consumidor percepciona a marca olfactiva.

Quanto às restantes formas de representação gráfica, das mais complexas às mais simples, LAUREN EADE[270] sublinha o facto de serem completamente inacessíveis para os leigos não lhes *representando,* por essa razão, a marca registanda; a ininteligibilidade das formas complexas de representação, que carecem de posterior interpretação ou transliteração e intervenção técnica, é também referida por JANI MCCUTCHEON relativamente às dificuldades que representam para os examinadores.

---

[266] Que se transcreve «*10 Special Kinds of Marks: A trade mark must be represented graphically. Where the sign is a shape, scent, sound or colour you need to give a clear description of the sign. If there is no other form of graphic representation of these kinds of trade marks, the description may also be used as the representation (At No. 4).*»

[267] LORRAINE FLECK, *What Makes Sense in One Country May Not in Another; A Survey of Select Jurisdictions re Scent Mark Registration, and a Critique of Scents as Trade-Marks*, Grant Program, 2003.

[268] Marca n.º 700019, graficamente representada pela descrição «*the mark comprises the strong smell of beer; the smell is used for flights of darts*».

[269] Marca n.º 936188, graficamente representada pela descrição «*the trademak comprises the smell of lemon to tobacco*».

[270] LAUREN EADE, ob. cit.

96 *A Marca Olfactiva*

Em suma, segundo Fleck, o conselho a seguir é que, face ao eminente risco de decepção com a apresentação da fórmula química, o requerente continue a dar preferência à descrição verbal para efeitos do requisito formal.

3.2. *Estados Unidos da América*

A primeira marca olfactiva registada[271] nos EUA, uma *"fragrância floral fresca, de alto impacto, que recorda rebentos de plumérias"* aplicada a fios para costura e bordados[272], foi recusada em sede de exame pelo *Office (USPTO)* porque:

– 1.º) Não era distintiva;
– 2.º) O aroma era funcional[273];
– 3.º) A maioria dos produtos tinha um aroma incorporado para os tornar mais agradáveis e não para identificar a sua origem.

Contudo, o examinador referia que, a provar-se a sua distintividade, o sinal poderia ser registado como marca olfactiva.[274]

Da recusa coube recurso para o *Trademark Tribunal and Appeal Board (TTAB)* que decidiu, em 19 de Setembro de 1990, pela concessão da marca (Decisão *In Re Celia Clarke*[275]).

---

[271] Note-se que já se havia discutido nos EUA, como salienta LLOBREGAT, o pedido de registo do sinal olfactivo *«Apple Pie»* para assinalar *«Pot-pourris»* (graficamente representado pela descrição *«apple pie to potpourri mixture»*) que o Tribunal Federal recusou por se tratar de um termo descritivo. Caso *Re Guylay* 820 F 2d 1216; 3 USPQ ad 1009 (Federal Cir. 1987)

[272] Pedida em 1988 por *Celia Clarke* cuja actividade económica, que exercia há mais de vinte anos, consistia no fabrico e distribuição de fios para costura e bordados. Em causa estava o registo de um Kit de linhas para bordar, designado por *"Scented Skunk Kit"*, embalado para que o aroma fosse percepcionado no momento da venda.

[273] Se se interpretasse correctamente a teoria da funcionalidade estética. LLOBREGAT, ob. cit.

[274] LLOBREGAT explica que o facto de a requerente ter feito, nas campanhas publicitárias, referências vagas ao perfume do produto, tais como "soft" e "soft sense" não foram suficientemente convincentes para o examinador reconhecer a distintividade da marca. Id. p. 111.

[275] U.S.P.Q. 2d 1238 a 1240 (19/09/1990) (TTAB) [Clarke]. Encontram-se muitas referências doutrinárias a esta decisão do TTAB, nomeadamente Paola Gelato, ob. cit., p. 622, Debrett Lyons, ob. cit., p. 542; LLOBREGAT, ob. cit., p. 110 ss.

Segundo o TTAB, face à matéria de facto apresentada, destacavam-se quatro aspectos fundamentais:

- a) A requerente era a única a comercializar fios de lã e de algodão perfumados;
- b) A fragrância não era um atributo, nem uma característica inerente ou natural dos produtos em causa;
- c) A requerente promovera o sinal olfactivo através da publicidade;
- d) A requerente demonstrara que os distribuidores, retalhistas e clientes dos seus produtos a reconheciam como fonte dos mesmos.

Na subsunção da matéria de facto ao Direito, o TTAB considerou não haver razão para recusar o registo uma vez que o aroma, naquele caso concreto, funcionara como marca para os produtos da requerente e como tal preenchia os requisitos exigidos pela lei. Nesta decisão, o TTAB definiu um quadro jurisprudencial de extrema importância, como o realça LORRAINE FLECK, assente nos seguintes aspectos fundamentais:

1.º – Explicitamente reconheceu que os odores, face à Lei de Marcas norte-americana, podiam ser registados como marcas;
2.º – Explicitamente definiu que os produtos naturalmente odoríferos não podiam ser registados como marcas olfactivas[276];
3.º – Implicitamente estabeleceu um critério geral para o registo de marcas olfactivas, assente nas seguintes perguntas:
  a) O sinal olfactivo distingue os produtos do requerente dos dos seus concorrentes?
  b) É o aroma um atributo inerente ou uma característica natural dos produtos assinalados pelo sinal olfactivo?
  c) Tem o sinal sido usado e divulgado pelo requerente em campanhas publicitárias?
  d) O requerente demonstra que aqueles que são confrontados com os produtos olfactivos os associam – por causa do odor – à respectiva proveniência empresarial?

---

[276] A importância desta questão mereceu também a atenção de LLOBREGAT. Idem. p. 112.

Segundo MARÍA DOLORES GONZÁLEZ[277], LLOBREGAT[278] e HELEN BURTON[279], foi pela resposta positiva a esta questão que o TTAB aceitou o carácter distintivo do aroma solicitado, uma vez que *Celia Clarke* era a única a utilizar um sinal olfactivo para distinguir os fios de cozer e de bordar. Para MARÍA GONZÁLEZ, a distintividade da marca não esteve no aroma, mas sim no facto de a requerente ser a única operadora económica no mercado a fornecer os fios e as linhas perfumados.

Apesar de todos os obstáculos apresentados, LLOBREGAT concorda com a decisão do TTAB, tendo-se provado que a marca não padecia de nenhum dos vícios que impedem em geral o registo, nomeadamente a generalidade, a descritividade, a funcionalidade[280] e, consequentemente, a falta de distintividade. No entanto, a autora lamenta o facto de o TTAB não ter aproveitado o processo para assentar uma doutrina favorável ao registo das marcas olfactivas. LORRAINE FLECK interpreta a decisão noutro sentido, dizendo que ao não definir explicitamente em que é que os sinais olfactivos devem ser distintivos para serem registáveis, o TTAB não os quis prender aos padrões distintivos clássicos, exigidos aos convencionais, de forma a evitarem-se situações de recusa de registo pelo não preenchimento do disposto na lei.

---

[277] MARIA DOLORES RIVERO GONZÁLEZ, *Los Problemas que Presentan en el Mercado las Nuevas Marcas Cromáticas y Olfactivas*, RDM, 2000, 238, P. 1645 ss.

[278] LLOBREGAT, ob cit., p. 113.

[279] HELEN BURTON, ob cit., p. 380.

[280] A doutrina da funcionalidade, muito seguida nos EUA, consiste como explica HELEN BURTON, no seguinte: quando uma característica de um produto contribui para, ou cumpre, uma função daquele produto, então a protecção daquela característica como marca, restringe a actividade dos operadores económicos que se dediquem à produção de produtos com a mesma função; esta doutrina está particularmente associada à matéria da concorrência (desleal neste caso). Esta doutrina pode ser estendida às funções estéticas e utilitárias dos produtos. Para BURTON, os aromas podem ser utilizados com o objectivo de disfarçarem odores e neste caso, assumem uma função utilitária do produto, mesmo que a título secundário. Além disso, pode entender-se que, ao atribuir-se um odor a um produto (mesmo estando a atribuir-lhe uma característica ornamental), está-se a torná-lo esteticamente funcional (o odor é o produto e a função do produto é emitir um aroma); num momento posterior, os consumidores podem desejar um odor específico sem olhar à fonte, logo o odor pode ter uma função estética. HELEN BURTON ob. cit. p. 382

Em suma, foi graças ao TTAB que surgiu a primeira marca olfactiva registada no mundo[281] e actualmente estão registados nos EUA, como marcas olfactivas, o *"odor de pastilha elástica"*[282], o *"odor evocativo de vários frutos de pomar"*[283], o *"odor de morango"*[284], o *"de uva"*[285] e *"o de cereja"*[286], pertencendo os três últimos ao mesmo titular[287]. JEROME GILSON e ANNE GILSON LALONDE sublinham contudo, que só a primeira foi registada no *Principal Register,* tendo todas as outras o sido apenas no *Supplemental Register*[288].

---

[281] Marca n.º 1.639.128 (graficamente representada pela descrição *«the mark is a high impact, fresh, floral fragrance reminiscent of plumeria blossoms»*) caducada em 1997 por falta de apresentação de declaração de intenção de uso, nos termos do disposto na secção 8 do *Trademark Act.*

[282] Aplicado a *based metal cutting fluid e oil based metal removing fluid for industrial metal working* (marca n.º 2560618 graficamente representada pela descrição *«the mark consists of the bublle gum scent to the goods»*).

[283] Aplicado a um componente para preparações destinadas à limpeza, ao polimento, ao humedecimento e à protecção de mobiliário, almofadados, madeiras e outras superfícies rígidas (marca n.º 2.644.707 graficamente representada pela descrição *«the mark is composed of a fragrance intented to evoke the scent of various orchard fruits»*).

[284] Aplicado a lubrificantes e a combustíveis para veículos terrestres, aéreos e náuticos. (marca n.º 2.596.156 graficamente representada pela descrição *«the mark consists of the strawberry scent of the goods»* que se encontra registada no *Supplemental Register*).

[285] Aplicado a lubrificantes e a combustíveis para veículos terrestres, aéreos e náuticos. (marca n.º 2.568.512 graficamente representada pela descrição *«the mark consists of the grape scent of the goods»* que se encontra registada no *Supplemental Register*).

[286] Aplicado a lubrificantes e a combustíveis para veículos terrestres, aéreos e náuticos. (marca n.º 2.463.044 graficamente representada pela descrição *«the mark consists of a cherry scent»* que se encontra registada no *Supplemental Register*).

[287] Que, entretanto, desistiu dos pedidos de registo dos aromas de *«amêndoas»*, de *«citrinos»*, de *«pastilha elástica»* e de *«tutti-fruti»* todos para lubrificantes e combustíveis para veículos terrestres, aéreos e náuticos, com os números, respectivamente, 75404020, 75360105 e 75360103.

[288] O sistema nos EUA divide-se em dois registos: o *Principal* e o *Supplemental Register.* O *Principal Register,* destina-se a marcas que são, inerentemente, distintivas ou que se tornaram distintivas, pelo uso ou pela sua extensa promoção; o *Supplemental Register,* por seu turno, destina-se a marcas que ainda não estão qualificadas para serem registadas no *Principal Register* mas que, mesmo assim, já são capazes de distinguir os produtos/serviços que assinalam; neste caso, a marca, no momento do registo - por ser, por exemplo descritiva - ainda não é distintiva, embora já desempenhe, de uma forma débil, a função de marca (note-se, contudo, que uma marca verdadeiramente genérica pode nunca chegar, sequer, a ser registada no *Supplemental Register*). Um vez registada no *Supplemental Register,* o titular pode, passados 5 anos a contar do registo, fazer o pedido de registo no *Principal Register.*

O sucesso do registo não se fez sentir contudo, na «*fragrância fresca frutada que recorda laranjas*»[289], uma vez que o USPTO considerou ser o aroma funcional (*para produtos de limpeza que continham ácido cítrico como ingrediente activo*), descritivo (*porque descrevia o aroma dos produtos que assinalava*) e não funcionava como marca (*porque não distinguia os produtos assinalados dos restantes com origem empresarial distinta*)[290].

JULIA MATHESON observa que as marcas olfactivas nos EUA se têm limitado a aromas comummente conhecidos e imediatamente identificados pela maioria do público, através das suas experiências pessoais. Conclui que cada marca olfactiva registada, consiste num aroma banal, inalterado, imediatamente perceptível pelo público e cuja representação gráfica, por isso, se resume à descrição verbal clara[291]. Assim, em termos de representação gráfica é, como resulta da alínea e) do § 2.52, suficiente uma detalhada descrição verbal do odor registando[292], pelo que o requerente deve apenas descrever, detalhada e claramente o aroma e referir no formulário do pedido de registo – no campo onde o sinal deve ser reproduzido – as palavras «*No Drawing*»[293].

Nos casos de contrafacção, cabe ao lesado provar que o contrafactor usa um odor igual, ou suficientemente idêntico, ao seu e que o mesmo é susceptível de enganar, confundir ou causar erro no consumidor. Para o efeito, a prova será efectuada a partir de dados recolhidos da comparação das marcas no contexto do seu uso[294]. Mas, como alertam JEROME GILSON e ANNE GILSON LALONDE, mesmo registada, a marca olfactiva não deixa de ser dificilmente executada, em virtude de não ser inerentemente distintiva nem ter suficiente vigor em casos de averiguação do risco de confusão. Será de facto

---

[289] Aplicada a decapante para tintas e vernizes (marca n.º 76504152 graficamente representada pela descrição «*a fresh fruity fragrance reminiscent of oranges*»); o pedido foi abandonado por falta de resposta à recusa do *Office*.

[290] JEROME GILSON e ANNE GILSON LALONDE, ob. cit. p. 798.

[291] JULIA ANNE MATHESON, *United States: The Sweet Smell of a Successful Registration, An Update on Olfactory Marks*, in SFDJ/IPS, 2002, 9 de Outubro.

[292] Como explicitamente afirma LORRAINE FLECK, ob. cit.

[293] JEROME GILSON e ANNE GILSON LALONDE, ob. cit. p. 798.

[294] Para mais desenvolvimentos, nomeadamente no momento pré e pós venda, ver HELLEN BURTON, ob cit.

para os autores, muito difícil provar a fama da marca e mostrar que os consumidores apreendem o aroma particular como fonte indicadora do produto, em vez de outras características.

a) *A protecção das marcas olfactivas pelo* Trade Dress – quid iuris?

Com a jurisprudência do TTAB no caso Celia Clarke seria de esperar, segundo HAMMERSLEY, um aumento significativo de pedidos de marcas olfactivas, até então vistas como funcionais; a mesma esperança sentia-se relativamente à ampliação da legislação do *Trade Dress.* Contudo, ou porque os operadores económicos consideravam as marcas olfactivas impraticáveis ou difíceis de registar, ou porque desconheciam os seus benefícios, a realidade foi totalmente diferente, como o demonstra o irrisório número de pedidos apresentados no USPTO.

Trade Dress, ou conjunto-imagem, corresponde a um conceito de marca que inclui características de produtos e serviços tais como o tamanho, a forma, a cor – isolada ou conjunta – rótulos, a textura, a decoração, determinadas técnicas de venda ou ainda certas particularidades do produto (onde FAYE HAMMERSLEY inclui o aroma) que servem de indicadores da proveniência empresarial.

Nos EUA, para que a figura do *Trade Dress* beneficie de protecção como marca, tem que ser inerentemente distintiva, não funcional e provar o seu *secondary meaning* embora, como refere HAMMERSLEY, em alguns casos os tribunais norte americanos tenham sido mais permissivos e consequentemente menos rigorosos nesta exigência[295]. Assim, e como explica JOHN L. WELCH[296], se o *Trade Dress* for funcional não é susceptível de registo; pelo contrário se o não for, é necessário verificar se corresponde a um design característico do produto que visa proteger, ou se se resume a uma cor específica, e em caso

---

[295] HAMMERSLEY exemplifica com a decisão do Supreme Court no caso Two Pesos v. Taco Cabana, em que se firmou jurisprudência no sentido de que o Trade Dress pode ser inerentemente distintivo e, consequentemente protegido, sem revelar o seconday meaning. Ob. cit. p. 114.

[296] JOHN L. WELCH, *Trade Dress and the TTAB: If Functionality Don't Get You, Nondistinctiveness Will, in* Allen's Trademark Digest, nº 5/2004, Vol. 18, p. 9 ss.

102 *A Marca Olfactiva*

afirmativo, é susceptível de registo desde que se prove o seu *secondary meaning*. Se corresponder a uma embalagem, pode ser registável se inerentemente distintivo, caso contrário essa inerência também tem de ser provada pelo *secondary meaning*.

Para se determinar a desejável distintividade inerente dos sinais não tradicionais, especialmente os olfactivos, ao abrigo do *Trade Dress*, refere HAMMERSLEY[297] que se podem considerar os seguintes aspectos: a) ser o *Trade Dress* único ou invulgar no campo específico a que diz respeito; b) compreender uma forma ou desenho comum; e c) corresponder a um mero refinamento de uma forma, já conhecida e usual, de ornamentação de um determinado tipo de bens; e d) ser susceptível de criar uma impressão comercial distinta. Em suma, trata-se de se saber se o *Trade Dress* corresponde, ou não, a uma imagem invulgar que o consumidor usa de uma forma imediata para distinguir a respectiva proveniência.

A aplicação do instituto do *Trade Dress* às marcas olfactivas implica a sua divisão em primárias, secundárias e únicas e só estas últimas parecem poder ser, pela sua própria natureza, inerentemente distintivas. Com efeito, como as únicas não correspondem a nenhum uso comum do aroma, têm como fim exclusivo indicar a sua proveniência empresarial.

Assim, HAMMERSLEY considera que as marcas olfactivas também podem conhecer o sucesso do registo pela via do *Trade Dress*, embora se considere que a exigência da inerência distintiva, provada via *secondary meaning*, feche um ciclo vicioso na medida em que se reduz a questão à problemática da distintividade dos sinais olfactivos e à arbitrariedade dos aromas.

3.3. *Canadá*

O registo de sinais não tradicionais, nomeadamente olfactivos, tem suscitado muito interesse à doutrina canadiana, embora até hoje nunca tenha sido requerido o registo de nenhuma marca olfactiva[298]

---

[297] Ob cit.
[298] ANNIE LASALLE, *Sounds Good. Smells Good. Why Some Sounds and Scents Should Be Registrable as Trademarks in Canada*, TW, 2005,177 pp. 22 ss.

A *Marca Olfactiva* 103

dadas as exigências da representação gráfica. Interpretando o disposto na secção 2 da Lei de Marcas[299], a doutrina[300] tem defendido, nomeadamente JUSTINE WIEBE[301], que nela se incluem os sinais olfactivos desde que, como sublinha MARIJO COATES[302], o requerente descreva claramente o odor, prove que não é funcional e prove que é usado como marca olfactiva – e que o consumidor o saiba, ao adquiri-lo. É que, refere ANNIE LASALLE, se o espírito da marca na lei parte da identificação da origem dos produtos/serviços, o que em certa medida garante a sua qualidade, então se um sinal olfactivo os distinguir dos demais preencherá a exigência legal de distintividade, devendo ser registado; além disso, se as disposições relativas à concorrência desleal se aplicam às marcas – estejam ou não registadas – desde que entre si exista risco de confusão, então um aroma que distinga produtos/serviços pode ser protegido ao abrigo dessas disposições.

Para a supressão das dificuldades que o silêncio da lei suscita quanto às marcas olfactivas, ANNIE LASALLE sugere ou a criação de uma nova noção de marca ou a adição das palavras *"aromas, sons ou outros sinais não visuais"* à definição já consignada na lei; seria, afirma, uma forma de garantir expressamente a aceitação das marcas olfactivas e escapar às exigências da lei quanto á apresentação de um desenho (para marcas não convencionais). Sugere ainda a consagração de uma excepção à exigência da apresentação de um desenho no

---

[299] Que se trancreve – *"Trade-mark means (a) A mark that is used by a person for the purpose of distinguishing or so as to distinguish wares or services manufactured, sold, leased, hired or performed by him from those manufactured, sold, leased, hired or performed by others"*; Trademarks Act – Interpretation – Definitions, 1999. Não há registos de marcas olfactivas no Canadá, LAURENT CARRIÈRE, ob. cit.

[300] Parte da doutrina canadiana, nomeadamente LAURENT CARRIÈRE, tem considerado a sua Lei de Marcas obsoleta e surreal, desconectada da realidade comercial contemporânea, pelo menos no que respeita ás marcas não tradicionais. O problema, como assinala JUSTINE WIEBE, é que na prática o *Office* canadiano tem, no exame dos sinais, exigido que os mesmos sejam visualmente perceptíveis. No entanto existem registos de marcas não tradicionais, nomeadamente sonoras, como salienta LEGER ROBIC RICHARD *in Enregistrabilité des Marques Sonores, Signes Distinctifs et Couleurs*, 1999.

[301] JUSTINE WIEBE, *A "Sense-ible" Approche to Non-Traditional Trade Marks*, Lawyers Weekly, 2005.

[302] MARIJO COATES, *Using Trademarks and Copyright to Protect Your Property*, 1998, disponível em http://www.dww.com/articles/protect.htm.

104 *A Marca Olfactiva*

caso concreto dos sinais olfactivos, resumindo-se a sua representação gráfica à descrição verbal formulada nos termos indicados por MARIJO COATES.

4. A marca olfactiva na Comunidade Europeia – uma harmonia desarmonizada?

A marca olfactiva na CE é um caso muito peculiar. Se, por um lado, se encontram registadas duas marcas olfactivas num dos Estados-membros e uma no OHMI, por outro, a prática, a doutrina e a jurisprudência comunitárias têm-se mostrado muito prudentes na admissibilidade do registo de sinais olfactivos.

No palco europeu merecem destaque o caso do Reino Unido, da França e do *iter registral* da primeira, e até agora única, marca olfactiva comunitária. Finalmente, face ao único acórdão do TJCE sobre sinais olfactivos, outra senão uma atenção particular, seria imerecida dada a sua repercussão em todo o mundo.

4.1. *Reino Unido*

Com uma lei interna que define marca como um sinal susceptível de representação gráfica e apto à função distintiva[303], o Reino Unido é o único Estado-membro da UE onde se encontram registadas marcas olfactivas: *"o odor de rosas"*[304] e o *"odor de cerveja"*[305]; já o

---

[303] Trademarks Act 1994 Article 1(1); nesta disposição o termo "sinal", é aplicado de uma forma geral para incluir tudo o que possa constituir uma marca. KERLY'S *Law of Trade Marks and Trade Names*, Sir Robin Jacob (2001).

[304] Aplicado aos pneus *Dunlop* (Marca n.º 2001416 graficamente representada pela descrição *«the mark is a floral fragrance/smell reminiscent of roses as applied to tyress»*); a marca foi concedida em 1996 à *Japan's Sumitomo Rubber Co* que posteriormente a transmitiu à *Dunlop Tyres*.

[305] Aplicado a dardos (Marca n.º 2000234 graficamente representada pela descrição *«the mark comprises the strong smell of bitter beer applied to flights for darts»*), concedida em 1996 à *Unicorn Products*.

registo do *"odor, aroma ou essência de canela*[306]*"*, não teve a mesma sorte dos precedentes.

Ao analisar a posição que tem sido seguida pelo *Registry*, quanto aos critérios da representação gráfica expressos no manual de aplicação[307] – a) *possibilidade de determinação em que é que consiste o sinal que o requerente usa, ou pretende vir a usar, sem necessidade de apresentação de amostras;* b) *inalterabilidade da representação, independentemente do uso, porque representa especificamente aquele sinal e nenhum outro;* c) *capacidade, para as pessoas que consultarem o registo, perceberem em que é que consiste a marca*[308] – LORRAINE FLECK conclui que a descrição verbal só é aceite se for suficientemente precisa, embora seja muito difícil sê-lo. Nesse sentido, sublinha, o *Registry* tem *precisado* a representação gráfica do odor com base em três princípios (muito semelhantes aos definidos pelo TTAB na Decisão *Celia Clarke)* que são:

- 1.º) O requerente mostrar que o odor é usado como marca;
- 2.º) O odor não ser um atributo nem uma característica natural dos produtos, mas algo que lhes é adicionado pelo requerente;
- 3.º) O público interpretar o sinal olfactivo como identificador dos produtos daquele requerente.

Mas, mesmo que a descrição verbal seja precisa e se recorra ás *cromatografias*, o odor estará sempre obscuro, pelo que o registo de sinais olfactivos deve ser rejeitado, excepto se a descrição assentar em termos correntes. Foi o que aconteceu com as duas únicas marcas olfactivas registadas, cuja representação gráfica se limitou à seguinte descrição: *"a marca compreende um forte odor de cerveja aplicado a dardos"* e *"a marca é uma fragrância/odor que lembra rosas, aplicada a pneus"*[309].

---

[306] Aplicado a artigos de mobiliário (Marca n.º 2000169 graficamente representada pela descrição *«the mark comprises the smell, aroma or essence of cinnamon»*), cujo requerente foi *John Lewis of Hungerford.*

[307] § 2.3 do Capítulo VI do *Registry Work Manual.*

[308] O reconhecimento da marca, por parte do público, deve ser praticamente instantâneo. KERLY'S, ob cit.

[309] KERLY'S ob. cit.

No entanto, já a descrição do *"odor, o aroma ou a essência de canela"* foi, na opinião do *Registry*, demasiado ambígua e imprecisa porque pressupunha que o leitor já soubesse em que consistia o odor de canela (dependeria da percepção subjectiva vinda de experiências anteriores) e não era claro se a essência de canela diferia do seu odor e/ou aroma (para se sanarem estas dúvidas, era necessário recorrer à apresentação de amostras, o que colidia frontalmente com o primeiro critério seguido pelo *Registry* para aferição do preenchimento da representação gráfica). Para o *Registry*, tratava-se ainda de um sinal que deveria ficar na disponibilidade de todos os operadores económicos[310].

O requerente recorreu também ao sistema do *"nariz electrónico"* donde resultou um perfil do odor, mas além do laboratório que o produziu reconhecer que tanto as diferenças de temperatura, como os *"transportadores"* do odor, afectavam a sua percepção pelo público, o *Registry* considerou-o incompreensível[311].

Perante a ambiguidade e imprecisão da descrição verbal[312], do desconhecimento da semelhança entre essência/odor/aroma de canela, da livre disponibilidade para todos os agentes económicos, do inconveniente de se recorrer à apresentação de amostras e da insegurança dos resultados obtidos pelo sistema do *"nariz electrónico"*, outra solução não se afigurou possível ao *Registry* senão a da recusa do registo.

Da recusa coube recurso para o *Trademark Tribunal*[313] *(TT)* o qual, embora tenha perfilhado a desnecessidade de um sinal ter que ser visualmente perceptível, não definiu os termos em que pode ser graficamente representado. Como expressamente referiu, o requisito

---

[310] PIERRE BREESE critica a força deste argumento, na medida em que faz sentido para a maior parte das marcas já registadas; *La Difficile mais Irréversible Émergence des Marques Olfactives*, disponível em http://www.breese.fr, p.7.

[311] EDDIE POWEL, *Off the Scent*, TW, 2006, 185; PIERRE BREESE, *La Difficile mais Irréversible Émergence des Marques Olfactives*, disponível em http://www.breese.fr, p.7.

[312] O argumento final do examinador era que o odor de canela era muito vago, pois a canela podia provir de diferentes origens (naturais ou sintéticas), apresentar diferentes concentrações e ser percepcionada de formas diversas, pelo que a descrição, tal como tinha sido feita, não distinguia claramente o sinal registando.

[313] *John Lewis of Hungerford Ltd's Trade Mark Application* [2001] 28 R.P.C. 575 a 591 [Hungerfor].

formal não exige aos requerentes a impossível tarefa de representarem visualmente um sinal, invisivelmente perceptível. Para estes sinais, nomeadamente os olfactivos, a tarefa de representação reduz-se ao preenchimento do critério de *(re)/apresentação clara e inequívoca*. Assim, para o TT teria sido possível aceitar o registo se, em vez de a descrição se resumir a «*o odor, o aroma ou a essência de canela*», fosse algo do género «*o aroma de canela tal como é emitido por X (com esse "x" clara e inequivocamente definido)*», como sublinha EDDIE POWELL.

LORRAINE FLECK defende que o órgão *ad quem* problematizou o registo de marcas olfactivas pois, embora tenha definido a não exigência formal de tornar visível um sinal invisível, acabou por fazê-lo; além disso, não definiu o alcance da *clareza* e *inequivocabilidade* da representação gráfica.

Quanto ao requisito da distintividade, HELEN BURTON recorda poder-se prová-lo pelo uso da marca[314], disparando-se o mecanismo do *secondary meaning*, desde que superadas as dificuldades que tal representa.

Apesar dos princípios seguidos pelo *Registry* e da jurisprudência do TT, LORRAINE FLECK conclui que não existe um teste concretamente definido para que um sinal olfactivo possa ser registado como marca, pelo que o futuro das marcas olfactivas no Reino Unido permanece incerto[315].

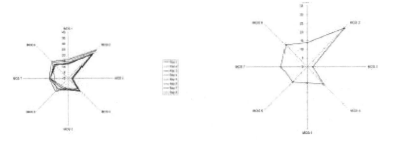

Fig. 2 – Representação gráfica da marca n.º 2000169 *"odor, o aroma ou a essência de canela"*

Fonte: http://www.copat.de/markenformen/mne_markenformen.htm.

---

[314] N.º 1 da Secção 3 da Lei de Marcas.
[315] LORRAINE FLECK, ob. cit., p. 11.

4.2. *França*

Até hoje foram publicadas cinco marcas no *Boletim Oficial da Propriedade Industrial* que, apresentadas como figurativas, continham na descrição da figura a menção expressa de se tratarem de marcas olfactivas. A sequência de pedidos teve início em 1997 e as representações gráficas foram, respectivamente, a descrição verbal[316], a descrição verbal prevendo a colocação à disposição de uma amostra[317], uma *cromatografia gasosa*[318] e um *cromatograma* prevendo igualmente a colocação à disposição de uma amostra[319]. Contudo, e de acordo com o *Instituto Nacional da Propriedade Industrial* francês nenhuma das marcas conheceu o sucesso do registo, devido aos riscos de insegurança jurídica, do carácter subjectivo da percepção dos odores e da ausência de referência a um sistema analítico e de transcrição unanimemente reconhecido.

No seio da opinião francesa é MATHÉLY quem, em nome de uma doutrina que paulatinamente se vai uniformizando, afirma que uma marca não pode ser constituída, a par do gustativo e do táctil, por um sinal olfactivo. As razões prendem-se com a falta de representação gráfica, com a incapacidade de anunciarem o produto (no sentido de serem insusceptíveis de percepção pelo público independentemente do objecto que integram) e com a sua inerente subjectividade[320].

---

[316] De uma fragrância determinada (Marca n.º 97658685 publicada no BPI 07/1997);
[317] Marca n.º 97698179 publicada no BPI 46/1997;
[318] Marcas n.ºs 97705451 e 97705450, publicadas no BPI 52/1997.
[319] Marca n.º 99824562 publicada no BPI 53/1999.
[320] PAUL MATHÉLY, ob. cit., p. 42/3.

A Marca Olfactiva

4.3. *Marcas Olfactivas Comunitárias*

a) *"O odor de erva recentemente cortada" – "uma pérola no deserto"*[321].

a.1) A representação gráfica por descrição verbal – A aceitação.

A 11 de Dezembro de 1996 entrou no OHMI o pedido da marca olfactiva, o *"odor de erva recentemente cortada"* aplicado a bolas de ténis[322], graficamente representada por essa descrição verbal e com a indicação expressa de se tratar de uma marca olfactiva.

Na fase de exame, o examinador considerou que a descrição verbal do sinal não preenchia o requisito da representação gráfica e que por isso deveria ser recusada nos termos do disposto na alínea a) do n.º 1 do art. 7.º do RMC, dando à requerente[323] a possibilidade de apresentar as suas observações no prazo de 2 meses; a requerente fê-lo, alegando que:

1.º – *A protecção das marcas olfactivas não era excluída pelo RMC, nem pelo Regulamento de execução, nem pelo manual de aplicação;*

2.º – *As marcas olfactivas deviam ser aceites desde que susceptíveis de serem graficamente representáveis, no sentido de que terceiros pudessem averiguar o alcance da marca ao consultar o pedido. Esta situação exigia que a análise se fizesse caso a caso e de acordo com a forma de descrição da marca. A questão decisiva seria, por isso, saber se os terceiros facilmente compreendiam o que estava a ser pedido;*

---

[321] A expressão é do Advogado Geral do TJCE, Ruiz-Jarabo Colomer, e consta do considerando 32 das conclusões apresentadas no caso «*C-273/00 Ralf Sieckmann*» que será analisado no presente estudo. As conclusões do Advogado-geral estão disponíveis em http://curia.eu.int/jurisp/

[322] Marca comunitária n.º 428870 graficamente representada pela descrição «*the smell of fresh cut grass*», que pode ser consultada na base de dados da OHMI em http://oami.europa.eu/CTMOnline/RequestManager/fr_Result_NoReg

[323] A sociedade comercial holandesa *Vennootschap Onder Firma Senta Aromatic Market.*

3.º – *A marca tinha sido graficamente representada, obedecendo ao disposto no art. 4.º RMC. Desde que a forma do sinal não fosse reclamada, não seria necessária a sua representação por um desenho ou forma.*

4.º – *A exigência "susceptível de ser graficamente representada" resultava da Directiva, igualmente aplicada aos pedidos nacionais nos Estados-membros. Ora, no Reino Unido, com uma prática de exame muito exigente, marcas olfactivas similares, com representação gráfica assente apenas na descrição verbal já tinham sido registadas.*

No reexame da marca, o examinador concordou que as marcas olfactivas não estavam excluídas da aplicação material do RMC. No entanto, face àquele caso não tinha havido representação gráfica do sinal; questionava concretamente: *"uma marca olfactiva tinha sido pedida e uma descrição verbal tinha sido dada, mas onde estava a marca em si mesma?"* Para o examinador, a representação gráfica apresentada era mais um *relatório verbal* da marca do que a marca em si e, como tal, não era claro onde começava e acabava o alcance da protecção do que se pretendia registar. Em que medida, perguntava, *"o odor de erva recentemente cortada"* diferia da *"erva fresca"* ou só da *"erva cortada"*? Será que o alcance de protecção incluía as palavras em si? Finalmente, realçou que o facto da marca se encontrar registada no *Office* do Benelux e do Reino Unido ter marcas olfactivas registadas eram argumentos, que embora abonatórios para o requerente, não conseguiam evitar a recusa.

Da recusa, a requerente interpôs recurso[324] para as Câmaras de Recurso do OHMI. O processo foi atribuído à 2.ª Câmara, a qual reduziu a matéria controvertida à representação gráfica, afastando a apreciação da distintividade (até porque se tratava, como expressamente afirmou na Decisão, *de um aroma distintivo e reconhecido imediatamente por todos, lembrando a primavera, o verão, a erva aparada, os campos de jogos ou outras experiências agradáveis*).

O fundamento do examinador, de que a representação gráfica, tal como tinha sido feita, correspondia à descrição da marca e não à

---

[324] Decisão de 11 de Fevereiro de 1999, processo R/ 156/1998, *«The smell of fresh cut grass»*.

marca em si, não encontrava para o órgão *ad quem,* nenhuma base no RMC e equivalia a uma exigência extralegal. Aliás, lê-se na Decisão que sendo as marcas olfactivas abrangidas pelo RMC, ao manter--se a recusa da que estava em apreço seria excluir-se, em geral, todas as olfactivas por inacessibilidade de representação gráfica.

Em resultado, a 2.ª Câmara considerou a indicação da marca como *"marca olfactiva"* e a descrição verbal nos termos em que tinha sido feita, suficiente para se preencher o requisito da representação gráfica; com efeito, decidiu que a descrição da marca e do seu objecto eram claros e evidentes, pelo que o seu depósito, pesquisa e registo não levantavam nenhum problema prático.

A decisão foi no sentido de que as marcas olfactivas podem ser registadas, se *descritas graficamente* e distintivas, e em particular, se ao serem combinadas com uma *indicação-padrão* e com uma descrição adicional, definirem adequadamente a marca (como acontece nomeadamente com as sonoras) preenchendo assim o requisito formal e material dos art.ˢ 4.º e 7.º do RMC.

Em conclusão, a marca *"odor de erva recentemente cortada"* aplicado a bolas de ténis foi concedida e registada a 11 de Outubro de 2000.

The smell of fresh cut grass

Fig. 3 – Representação gráfica da marca comunitária n.º 428870

Fonte:http://oami.europa.eu/CTMOnline/RequestManager/fr_Result_NoReg

Analisando concretamente os problemas que podem surgir numa loja de desporto com a marca em análise, JEREMY PHILLIPS realiza uma interessante simulação; segundo o autor, pode acontecer uma das seguintes situações:

1.º – O odor enche a loja inteira e os consumidores não conseguem detectar que são as bolas de ténis, a fonte do aroma de erva recentemente cortada;

2.º – O odor não enche a loja inteira mas parece emanar da secção das bolas de ténis: o consumidor fica dependente de uma deixa visual (ou seja, de algo que não seja a marca olfactiva em si mesma) para se aperceber de qual marca é que as bolas de ténis *olfactivas* provêm;

3.º – O odor é completamente escondido pelo aroma das restantes bolas de ténis, que foram impregnadas pelo odor, por exemplo, de *bacon*; e aqui JEREMY PHILLIPS questiona se esta situação não poderá ser um caso de concorrência desleal.

4.º – As bolas de ténis são de um *stock* do ano passado e o aroma já não está muito activo; poderá, questiona o autor, o titular da marca objectar à sua venda com o fundamento de que as condições do produto se alteraram ou tal corresponderá a uma alteração, não do produto, mas da marca?

5.º – O fornecedor das sementes de relva para courts de ténis quer impregnar os sacos das suas sementes com o alegado aroma de erva recentemente cortada; pergunta o autor se um acto desses viola a marca olfactiva registada para a protecção de bolas de ténis;

6.º – Um concorrente tenta impregnar as bolas de ténis que comercializa com o aroma de *"pinho fresco"*; pergunta o autor se uma situação destas seria susceptível de causar confusão com o *"aroma de erva recentemente cortada"*?

Em qualquer destes casos, *quid iuris*? É que, salienta o autor, podem levantar-se problemas particulares quanto à articulação dos preceitos normativos a aplicar na sua resolução.

Contudo, se a descrição verbal foi aceite como representação gráfica no caso do *"odor de erva recentemente cortada"*, o mesmo já não se verificou relativamente ao pedido do registo de outros sinais olfactivos. Com efeito, a receptividade do OHMI reduziu-se à primeira marca olfactiva.

A Marca Olfactiva   113

a.2) A representação gráfica por descrição verbal – A negação.

Em 10 de Setembro de 1999, o OHMI recebeu o pedido de registo, como marca olfactiva, do *"odor de limão"*[325] graficamente representado pela descrição verbal *"a marca consiste no odor alimonado aplicado aos produtos solicitados"*. O examinador recusou o registo do sinal ao abrigo do disposto na alínea a) do n.º 1 do art. 7.º RMC. Da decisão *ad quo,* o requerente[326] interpôs recurso[327] para as Câmaras do OHMI. Coube à 4.ª Câmara a apreciação do processo, pronunciando-se pela recusa definitiva da marca por falta de representação gráfica.

A descrição verbal da marca *"aroma de baunilha"*[328] pedida em 14 de Agosto de 2000, também não convenceu os examinadores do OHMI que negaram o registo por falta do preenchimento do requisito formal e o mesmo fim teve a marca olfactiva *"odor do sabor a laranjas"*[329] pedida em 14 de Abril de 2003.

b) *O* "odor de morango" – *A representação gráfica por imagem.*

Em 26 de Março de 1999, o OHMI recebeu o pedido de registo do *"odor de morango maduro"*[330], graficamente representado pela

---

[325] Aplicado a palmilhas de sapatos e a artigos para sapatos: Marca Comunitária n.º 1254861 graficamente representada pela descrição *«la marque consiste en l'odeur citronnée appliquée aux produits sollicités»* que pode ser consultada na base de dados do OHMI, disponível em: http://oami.europa.eu/CTMOnline/RequestManager/fr_Result_NoReg)

[326] *Pikolino's Intercontinental S.A.*

[327] Decisão da Quarta Câmara de Recurso do OHMI de 12 de Dezembro de 2005, Proc. R 0445/2003-4)

[328] Aplicado a produtos das classes 03, 05, 14, 16, 21, 25, 26 e 30: Marca Comunitária n.º 1807353 representada graficamente pela descrição *«the smell of vanilla»* que pode ser consultada na base de dados do OHMI disponível em http://oami.europa.eu/CTMOnline/RequestManager/fr_Result_NoReg).

[329] Aplicado a produtos da classe 05: Marca Comunitária n.º 3132404 representada graficamente pela descrição *«the taste of oranges»* que pode ser consultada na base de dados do OHMI disponível em http://oami.europa.eu/CTMOnline/RequestManager/fr_Result_NoReg).

[330] Aplicado a produtos das classes 03, 16, 18 e 25: Marca Comunitária n.º 1122118 representada graficamente pela descrição *«odeur de fraise mûre»* que pode ser consultada

imagem de um morango, pela descrição verbal como *"odor de morango maduro"* e pela indicação expressa de se tratar de uma marca olfactiva.

Na fase de exame, considerou-se que a marca não preenchia o requisito formal, violando por isso o disposto no RMC. A requerente[331] interpôs recurso para as Câmaras de Recurso da OHMI, tendo a 1.ª Câmara mantido a decisão do examinador[332]. Desta decisão, a requerente recorreu para o TPI que decidiu no mesmo sentido[333]. Com efeito, o TPI não ficou convencido com os argumentos de que a exigência da representação gráfica se preenchia com a descrição do odor e com a imagem de um morango; nem tão pouco foi convincente o argumento de que o aroma era genérico e, como tal, podia ser registado a par dos restantes sinais genéricos. Para o TPI, a inexistência de uma classificação internacional de aromas (que permita a identificação objectiva e precisa dos aromas, por um nome ou código atribuído a cada um), como acontece as cores ou as notas musicais, evidenciava o problema do sinal olfactivo em geral.

Seguindo o ícone jurisprudencial do TTAB dos EUA e do TT do Reino Unido, o TPI pronunciou-se no sentido de que um sinal imperceptível pela visão pode ser representado graficamente – por imagens, linhas ou caracteres – desde que haja uma identificação precisa. Nesses termos, não negou o registo de sinais olfactivos desde que preencham os requisitos formal e material, o que não acontecia no caso do *"aroma de morango maduro"* .

Foi, entretanto, apresentado no TPI um estudo revelador que diferentes variedades de morangos produzem diferentes aromas, de acordo com o seu estado de maturação, pelo que a descrição *«aroma de morango maduro»* podia significar apenas um dos cinco aromas possíveis. A este argumento, a requerente contrapôs que não era relevante o odor de um determinado morango mas sim o odor de

---

na base de dados do OHMI disponível em http://oami.europa.eu/CTMOnline/RequestManager/fr_Result_NoReg).

[331] Sociedade Comercial Francesa, *Eden.*

[332] Decisão da Primeira Câmara de Recurso do OHMI de 24 de Maio de 2004, Proc. R 591/2003-4.

[333] Ac. do TPI, de 27 de Outubro de 2005, Proc. T-305/04, caso *«Eden/OHMI»*, JO C 262 de 23.10.2004.

morango maduro em geral, tal como percepcionado pelo consumidor desde a sua infância, numa clara inspiração na Decisão da 2.ª Câmara quanto ao *"aroma de erva recentemente cortada"*[334]. A este respeito, PIERRE BREESE sublinha, que as variedades de morangos não são significativas quanto ao aroma logo, a descrição *"aroma de morango maduro"* é durável, acessível, inteligível e objectiva, numa evidente referência aos critérios determinados pelo TJCE no caso *Sieckmann*.

Em suma, face à imprecisão e subjectividade da descrição verbal e à mera representação do fruto – e não do aroma em si – de onde provinha o aroma, o sinal não estava graficamente representado, pelo que a marca foi definitivamente recusada pelo TPI.

Fig. 4 – Representação gráfica da marca comunitária n.º 1122118

Fonte: http://oami.europa.eu/CTMOnline/RequestManager/fr_Result_NoReg

c) *Aromas complexos e outras formas de representação gráfica*

Três meses depois do pedido de registo do *"aroma de erva recentemente cortada"*, deu entrada no OHMI o segundo pedido de marca olfactiva: uma fragrância graficamente representada pela descrição «*uma nota de erva verde hesperídea (bergamota, limão), floral (flor de laranjeira, jacinto) orvalhada, almiscarada ... verde,*

---

[334] MARIE JOURDAIN, *"Les Marques Olfactives ne Montrent Décidément que le Bout de Leur Nez..."* in Law in Firm, 1996, disponível em http://www.legalbiznext.com/droit/Les-marques-olfactives-ne-montrent

encarnado e azul, assim figurando, cada um, diferentes nuances[335]*»* e por um gráfico. A recusa por falta de representação gráfica era inevitável.

Seguiu-se o pedido do registo do *«aroma de âmbar, lenhoso, com laivos de tabaco da Virgínia e o perfume dominante da flor de noz-moscada»*[336] acompanhado por um gráfico sem legendas. O pedido não chegou a conhecer o verídico dos examinadores, uma vez que a requerente dele desistiu.

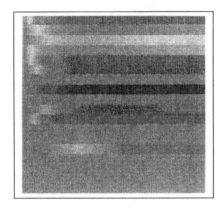 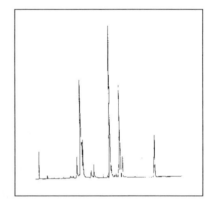

Fig. 5 e 6 – Representação gráfica das marcas comunitárias n.os 521914 e 566596

Fonte:http://oami.europa.eu/CTMOnline/RequestManager/fr_Result_NoReg

À questão *«A marca olfactiva na CE – uma harmonia desarmonizada?»*, parece congruente responder da seguinte forma: sem em-

---

[335] Aplicado a produtos das classes 05, 16, 18 e 24: Marca Comunitária n.º 521914 representada graficamente pela descrição *«la marque est une représentation graphique d'une fragrance déterminée. Une note verte gazon, hespéridée (bergamote, citron), florale (fleur d'oranger, jacynthe) rosée, musquée»* que pode ser consultada na base de dados do OHMI disponível em http://oami.europa.eu/CTMOnline/RequestManager/fr_Result_NoReg.

[336] Aplicado a produtos da classe 01: Marca Comunitária n.º 566596 representada graficamente pela descrição *«la marque représente les volutes d'un arome ambré, ligneux, avec en arriére-plan les volutes du tabac Virginia et le parfum dominant de la fleur de muscade»* que pode ser consultada na base de dados do OHMI disponível em http://oami.europa.eu/CTMOnline/RequestManager/fr_Result_NoReg.

A Marca Olfactiva 117

bargo do *"aroma de erva recentemente cortada"*, a recusa do registo de sinais olfactivos tem sido tradição no OHMI que, desde 1996, recusou sete pedidos de registo de marcas olfactivas[337].

Entre as descrições *"aroma de erva recentemente cortada"*, *"aroma de morango maduro"*, *"odor de limão"*, *"aroma de baunilha"* e *"odor do sabor a laranjas"*, apesar da uniformidade das decisões dos examinadores, as Câmaras do OHMI encontraram diferenças no preenchimento do requisito da representação gráfica, que apenas a primeira marca satisfez.

Como decidiu a 2.ª Câmara de Recurso – quanto ao *"aroma de erva recentemente cortada"* – a indicação da marca como olfactiva e a descrição naqueles termos, satisfaziam o requisito formal, tornando o seu objecto claro e evidente, pelo que o seu depósito, pesquisa e registo não levantavam nenhum problema prático.

No entanto, MARIE JOURDAIN sublinha que a objectividade encontrada pelo OHMI naquela descrição, está longe do critério objectivo que o TJCE (no acórdão *Sieckmann,* adiante analisado) exigiria às descrições verbais *dos sinais olfactivos*. Com efeito, JOURDAIN declara que a disparidade é particularmente notória, ao ler-se na Decisão da 2.ª Câmara, numa clara referência a experiências pessoais, logo subjectivas, que *«o aroma de erva recentemente cortada é um odor distinto que todo o mundo reconhece imediatamente a partir das suas recordações»* e que *«para muitos, o aroma ou o perfume da erva recentemente cortada lembra a primavera, o verão, a erva aparada, os campos de jogos ou outras experiências agradáveis»*. A questão da objectividade, *subjectivada* pela Câmara, também não passa despercebida a MARTINE RAYNAUD que, com base no modo de vida rural ou citadina dos consumidores, aponta as diferentes percepções e sensibilidades que o *"aroma de erva recentemente cortada"* pode suscitar[338].

No caso do *"aroma de morango"*, a 1.ª Câmara decidiu pela insuficiência da descrição e não se deixou convencer pela apresentação da imagem de um morango maduro, tal como a 4.ª não aceitou a

---

[337] http://oami.eu.int/CTMOnline/RequestManager/es_Result_NoReg

[338] MARTINE RAYNAUD, *L'Enregistrement de Marques Sensorielles Communautaires et Nationales, in* Ministère de l'Économie, des Finances et de l'Iindustrie, 2006, disponível em http://www.minefi.gouv.fr/imprim/imprime.php

descrição do *"odor de limão"*, como suficientes para preencherem as exigências do disposto no art. 4.º RMC. Nestes termos, quanto aos contornos que a representação gráfica tem de assumir para satisfazer as exigências de Alicante não se descortina, por enquanto, nenhum indício concreto.

A acrescentar ao rol de incertezas que se *"inspiram"*, existe ainda o caso das marcas olfactivas britânicas, registadas já ao tempo da vigência da Directiva, cuja representação gráfica assentou exclusivamente na descrição verbal como *"a marca compreende um forte odor de cerveja aplicado a dardos"* e *"a marca é uma fragrância/ odor que lembra rosas, aplicada a pneus"*; mas, já *"o odor, o aroma ou a essência de canela"* não satisfez as exigências formais do *Registry*.

JEREMY PHILLIPS[339], conclui que para as Câmaras de Alicante, desde que o aroma registando seja conhecido e desde que a descrição verbal, lida atentamente pelo público lhe seja familiar, parece desnecessária outra forma de representação gráfica; contudo, o autor reconhece que a jurisprudência comunitária segue num sentido diferente, *"autoritário"* nas suas palavras, como resulta do Ac. *Sieckmann*.

A referência ao odor comum é a via, também para PIERRE BREESE, a ser explorada para o sucesso do registo de sinais olfactivos, sendo a que mais se aproxima da posição de Alicante face à primeira marca olfactiva comunitária e da do TT, face ao *«odor/aroma ou fragrância de canela»*. Ensina BREESE, que foi precisamente sobre o *princípio do odor comum*, que a *Sociedade Francesa de Perfumadores* elaborou uma Classificação[340] que caracteriza cada nota de uma fragrância pela referência a odores familiares, logo perfeitamente identificáveis, organizados em famílias e sub-famílias. Nestes termos, sublinha

---

[339] JEREMY PHILLIPS, ob. cit., ponto 5.117.

[340] A primeira Classificação da *Sociedade Francesa de Perfumadores*, limitada à perfumaria feminina, foi feita em 1984 pela recolha de todos os produtos identificados desde 1782. A Classificação, feita por famílias de odores e não por arquétipos, e a preocupação com a objectividade na sua elaboração, asseguraram-lhe o êxito. É editada regularmente, com o apoio do *Comité Francês do Perfume*, e actualizada todos os anos por fichas adicionais. As famílias classificadas são: a) Hesperídea, b) Floral, c) Feto (botânica), d) Chypre, e) Amadeirada, f) Ambreada; g) Couro. As famílias e as sub-famílias que compõem a Classificação podem ser consultadas em http://parfumeur-createur.com.

A Marca Olfactiva 119

BREESE, pode representar-se graficamente um odor com uma precisão suficientemente acessível e inteligível[341].

No entanto, GUY OSMAN[342] refere que a Classificação de odores[343] é uma espécie de plano geral, pois existem odores, como os floridos, que não são facilmente classificáveis; além disso, existem produtos que podem ser classificados em mais de uma família, como acontece com a *salva* e a *madressilva*, pelo que a solução se resume ao agrupamento dos produtos com efeitos odoríferos similares.

5. O Acordão Ralf Sieckmann/Deutsches Patent und Markenamt[344]

5.1. *Apresentação sumária*

Ralf Sieckmann, apresentou no *Deutsches Patent und Markenamt*[345] (a seguir DPM) o pedido de registo, como marca olfactiva[346], do aroma da substância química pura *cianato de metilo (éster metílico de ácido de canela)* graficamente representada: a) pela descrição verbal *«aroma balsâmico-frutado com ligeiras notas de canela»* e referência expressa de que se tratava de uma marca olfactiva; b) pela fórmula química estrutural *C6H5-CH=CHCOOCH3* e; c) pelo depósito de uma amostra. Acrescentou ainda, que amostras da marca eram disponibilizadas junto de um laboratório local (cujas coordenadas estavam indicadas nas páginas amarelas da *Deutsche Telekom Ag.*) ou junto da sociedade *"E. Merck"* em Darmstadt. No caso de insuficiência da descrição tal como tinha sido feita, consentia numa consulta pública da marca depositada, nos termos do § 1.º do art. 62.º da

---

[341] PIERRE BREESE, *La Difficile Mais Irréversible Émergence des Marques Olfactives*, 2003, disponível em htt://www.breese.fr.

[342] GUY OSMAN, *Les Sens du Parfum,* disponível em http://www.parfumeur-createur.com/article.php3?id_article=67.

[343] O autor apresenta uma lista complexa de classificação repartida por 17 odores, disponível em http://www.parfumeur-createur.com/article.php3?id_article=67.

[344] Ac. do TJCE, de 12 de Dezembro de 2002, Proc. *«Sieckmann»*, in CJTE, 2002, p. I – 11737.

[345] Instituto Alemão de Marcas e Patentes.

[346] Para assinalar os serviços designados nas classes 35, 41 e 42 de acordo com a Classificação Internacional, de produtos e de serviços, de Nice.

Lei alemã e do § 2.º do art. 48.º do respectivo Regulamento de Execução.

O DPM indeferiu o pedido, com o fundamento de que o sinal registando não poderia constituir uma marca por falta de preenchimento dos requisitos formal e material.

Do indeferimento, Ralf Sieckmann recorreu para o *Bundespatentgericht*[347] que, perante a dúvida sobre se a marca olfactiva preenchia, ou não, o requisito da representação gráfica, levou a questão ao TJCE questionando-o sobre se um odor poderia ser registado como marca de acordo com a Directiva e se sim em que termos.

5.2. *O Deutsches Patent und Markenamt (DPM)*

Como sinais passíveis de constituírem marcas, o n.º 1 do § 3.º da Lei Alemã dispõe: «*as palavras (incluindo nomes de pessoas), os desenhos, as letras, os números, os sinais acústicos, as estruturas tridimensionais (como a forma de um produto ou a embalagem) e outras formas de apresentação (como as cores e as combinações de cores), desde que adequados a distinguir os produtos ou serviços de uma empresa dos de outras*». Por sua vez, o n.º 1 do § 8.º do mesmo diploma estatui que será recusado o registo da marca se os sinais registandos não forem graficamente representados nem distintivos.

Foi pelo não cumprimento destas duas disposições que o DPM indeferiu o pedido sublinhando, como fundamento principal, a ausência do carácter distintivo do sinal registando; aliás, o *Office* considerou que a falta de distintividade tornava *à priori* desnecessária a apreciação da representação gráfica, visto tratar-se de um obstáculo intransponível.

5.3. *O recurso para o* Bundespatentgericht

Da decisão de indeferimento do DPM, Ralf Sieckmann recorreu para o *Bundespatentgericht* que, embora reconhecesse abstractamente

---

[347] Tribunal Federal dos Brevets.

A Marca Olfactiva 121

a capacidade distintiva dos odores, duvidou que um sinal olfactivo preenchesse a exigência da representação gráfica nos termos do art. 2.º da Directiva (que encontrava correspondência no n.º 1 do § 8.º da Lei Alemã).

Ao contrário do DPM, o órgão jurisdicional alemão considerou que, em primeiro lugar, deveria ser apreciada a susceptibilidade de representação gráfica do sinal e só depois a sua eventual distintividade. Efectivamente, para o *Bundespatentgericht,* fracassada a representação gráfica esgotava-se a possibilidade de registo mesmo que o sinal já se tivesse imposto na vida comercial como característico de uma certa empresa e tivesse adquirido, pela via do uso, distintividade.

5.4. *O reenvio para o TJCE*

Perante a dúvida, e usando da faculdade permitida pelo art. 234.º do TCE[348], o *Bundespatentgericht* submeteu ao TJCE as seguintes questões:

1.ª – Deve o art. 2.º da Directiva ser interpretado no sentido de que o conceito de sinais susceptíveis de representação gráfica apenas compreende os visualmente perceptíveis ou, pelo contrário, podem considerar-se nele incluídos os visualmente imperceptíveis, como os odores e os sons?;

2.ª – Se se entender que no art. 2.º da Directiva se incluem os visualmente imperceptíveis, considera-se que os requisitos de representação gráfica estão preenchidos desde que o aroma seja represen-

---

[348] O mecanismo do reenvio a título prejudicial resulta, como o ensina MOTA DE CAMPOS, numa plataforma de diálogo entre os juízes nacionais e comunitários que parte da suspensão, num tribunal de um Estado-membro, de um processo nacional e pela submissão de uma questão prejudicial (sobre interpretação ou validade de normas comunitárias) que afecta o julgamento interno, ao TJCE. Caberá a este proferir um despacho sob a forma de acórdão, que será recebido pelo tribunal interno que suscitou a questão, resolvendo-se assim o litigio em conformidade com o Direito Comunitário. Para mais desenvolvimentos sobre o reenvio a título prejudicial, ver JOÃO MOTA DE CAMPOS, *Direito Comunitário*, Vol. II, 4ª ed., Fundação Calouste Gulbenkian, Lisboa, 1994, p. 473 ss; MIGUEL GORJÃO HENRIQUES, *Direito Comunitário*, 2ª ed., Almedina, Coimbra, 2003 p. 301ss

122   *A Marca Olfactiva*

tado pela descrição verbal, fórmula química e apresentação de uma amostra, ou pela conjugação destas alternativas?

No processo de reenvio, Ralf Sieckmann argumentava que o art. 2.º da Directiva não excluía o registo de marcas olfactivas, devendo considerar-se que o odor era abrangido pela previsão da norma a par do som, da cor, do holograma e de outros sinais *"não clássicos"*. Incluía na representação gráfica toda e qualquer representação electrónica ou apresentação efectuada de qualquer outra forma, defendendo que a descrição dos sinais olfactivos deveria ser sempre acompanhada pela fórmula química. Reforçando a sua pretensão, afirmava ainda que o aroma registando poderia ser obtido junto dos fabricantes, dos distribuidores de produtos químicos finos ou ainda junto dos fornecedores dos laboratórios e que os terceiros, após o conhecimento da fórmula química e da compra *"desse produto"*, teriam uma ideia objectiva da marca.

5.5. *A Interpretação da Directiva feita pelo TJCE e a resposta às questões do* Bundespatentgericht

O TJCE, começando por referir a função primordial da marca – a distintiva[349] – salientou a necessidade do sinal registando preencher os requisitos formal e material[350], tendo o Advogado-Geral estabelecido o sinónimo entre representação gráfica e descrição por símbolos susceptíveis de serem escritos. Neste sentido, a aptidão *ad initio* de um sinal, seja ele qual for, para preencher o requisito formal deve aferir-se pela sua capacidade de ser *"colocado em papel"* e, consequentemente, de ser visualmente percebido[351] o que, no caso dos sinais olfactivos é impossível[352].

Interpretando o art. 2.º da Directiva, o TJCE considerou que, dadas as exigências do próprio registo de marcas, um sinal visualmente imperceptível pode ser registado como marca desde que seja

---

[349] Considerando n.º 35 do Ac.
[350] Considerando n.º 39 do Ac.
[351] Considerando n.º 37 das conclusões do Advogado-geral.
[352] Considerando n.º 39 das conclusões do Advogado-geral.

A Marca Olfactiva 123

graficamente representado[353] (no sentido de representação visual através de figuras, linhas ou caracteres para ser identificado com exactidão[354]).

Na interpretação do TJCE, a representação gráfica é extremamente importante para: a) os próprios titulares, porque determina em concreto o objecto da protecção que lhes é conferido[355]; b) as autoridades competentes, que devem conhecer com clareza e precisão a natureza dos sinais registandos para poderem examiná-los, publicá-los e manter o seu registo[356]; c) para os operadores económicos, que devem poder verificar – com clareza e precisão – a natureza das inscrições feitas no *Office* e os pedidos de registo apresentados pelos concorrentes, bem como ter acesso a informações pertinentes sobre os direitos de terceiros[357]; d) para os utilizadores do registo em geral, para estarem em condições de determinar com exactidão a natureza da marca.

Ora os titulares, as autoridades competentes, os operadores económicos e demais utilizadores do registo, só compreenderão o alcance da representação gráfica se esta for completa por si mesma, facilmente acessível e inteligível[358]. Perante estas considerações, o TJCE estava pronto para responder à 1.ª questão do *Bundespatentgericht*.

a) *Resposta à 1.ª questão:*

No espírito do art. 2.º da Directiva, um sinal visualmente imperceptível poderá constituir uma marca, desde que seja objecto de uma representação gráfica (apresentado por figuras, linhas ou caracteres[359]), isto é, identificado com exactidão. Assim, a aceitação dos sinais registandos só é possível se a sua representação gráfica for, segundo o TJCE, *clara, precisa, completa, facilmente acessível, inteligível, duradoura, inequívoca e objectiva*[360].

---

[353] Considerando n.º 45 do Ac.
[354] Considerando n.º 46 do Ac.
[355] Considerando n.º 48 do Ac.
[356] Considerando n.º 50 do Ac..
[357] Considerando n.º 51 do Ac.
[358] Considerando n.º 52 do Ac.
[359] Considerando n.º 55 do Ac.
[360] Considerando n.º 55 do Ac.

124 — A Marca Olfactiva

Em suma, à primeira questão o TJCE respondeu, dizendo que um sinal visualmente imperceptível pode constituir uma marca[361], desde que graficamente representado e que a representação gráfica assuma as características supra enunciadas.

b) *Resposta à 2.ª questão:*

Quanto à segunda questão, cabia saber se a descrição verbal, a apresentação da fórmula química e a apresentação de uma amostra, em separado ou em conjunto, preenchiam os requisitos de representação gráfica exigidos pela Directiva.

b.1) A posição do TJCE face às formas de representação gráfica apresentadas por Ralf Sieckmann:

– Descrição verbal:

A descrição do odor como *«balsâmico-frutado com ligeiras notas de canela»*, constituiu a pedra angular das observações da Comissão[362], ao considerá-la impregnada de conceitos de tal forma subjectivos[363] que impediam a objectividade necessária à identificação da marca (faltava-lhe clareza, precisão e objectividade[364]). Foi à subjectividade da descrição que o Advogado-Geral dedicou alguma atenção[365].

---

[361] Como acontece, nomeadamente, com as marcas sonoras que podem ser graficamente representadas num pentagrama. Só os sons e/ou ruídos que não sejam susceptíveis de serem representados em pauta musical ou que apenas possam ser representados num suporte que não o gráfico, como um cd por exemplo, não poderão constituir uma marca.

[362] Considerando n.º 65 do Ac.

[363] Como o Advogado-Geral questionou, *"O que significa balsâmico? O que abrange o carácter frutado? O que pode ser a intensidade de uma nota de canela?"*

[364] No mesmo sentido, o Advogado-Geral, embora tenha considerado que a descrição de um sinal pela linguagem escrita constitua uma forma de representação gráfica, referiu que a descrição, por si mesma, não preenche as exigências de clareza e de precisão exigidas. Considerando n.º 41 das suas conclusões.

[365] Considerando n.º 41 das conclusões do Advogado-geral.

O consumidor percepciona as características e a origem de uma marca através dos seus sentidos, ou seja, pela visão, audição, tacto, paladar e naturalmente pelo olfacto; contudo, a percepção e identificação do sinal como marca variará de sujeito para sujeito, consoante o sentido usado na percepção.

Há que seguir, alerta RUIZ JARABO[366], os critérios definidos pela neurofísica que distingue os sentidos mecânicos *«aos quais correspondem o tacto, a visão e a audição, pela inerência da forma vinda do exterior»*, dos químicos[367] *«aos quais correspondem o paladar e o olfacto, já bem mais difíceis de precisão, dado o grau de imprecisão objectiva».* Mas será isto elevar a visão ao mais perfeito dos sentidos? A descrição de uma cor não pode levantar tanta dificuldade como a de um odor? Efectivamente, em bom rigor, os sentidos não podem ser classificados como subjectivos ou objectivos, embora a visão lhe tenha associada a concreta percepção do mundo exterior, ao permitir o conhecimento da forma[368]; forçosamente, o sentido da visão "*.... permite uma maior amplitude de apreensão e, consequentemente, de compreensão...*".

É inegável que o olfacto possui qualidades evocativas e persuasivas e que está associado às estruturas límbicas, intervenientes na evocação das recordações e das emoções[369]. E, neste sentido, o Advogado-Geral sublinha que a capacidade abstracta dos sinais perceptíveis pelo odor preencherem uma função distintiva, é indiscutível. Aliás, realça, se se desejar caracterizar os produtos/serviços de uma proveniência determinada para os distinguir dos demais, evocando a sua origem concreta, qualidade ou a reputação da empresa de onde provêm, será preferível recorrer a um sentido que, como o olfacto, tem especiais qualidades evocativas senão mesmo persuasivas.

---

[366] Considerando n.º 25 das conclusões do Advogado-Geral.

[367] Os quais terão sido caracterizados, como apontou RUIZ JARABO, pela sua excessiva subjectividade, como sentidos propiciadores de prazeres menos puros e menos elevados do que os sentidos químicos segundo PLATÃO e ARISTÓTELES. KANT classificava-os como sentidos ingratos e HEGEL proclamava-os como verdadeiros fracassos na sua utilização para conhecer o mundo e o verdadeiro eu. O seu abandono seria a única forma da civilização evoluir como o defendia FREUD, nada mais sendo do que sentidos associados a um estádio animalesco da civilização. Considerando n.º 25 das conclusões do Advogado-Geral.

[368] Considerando n.º 28 das conclusões do Advogado-Geral.

[369] Considerando n.º 29 das conclusões do Advogado-Geral.

Contudo, a propensão dos sinais olfactivos preencherem a função de diferenciação das marcas não é senão teórica. Com efeito, são sinais insusceptíveis de uma representação gráfica que permita a sua apreensão clara e precisa. Desta forma, pela incompleição que lhe é inerente, o odor não preenche os requisitos de representação gráfica, e consequentemente de clareza, precisão e compreensão, exigidos pelo art. 2.º da Directiva para poder constituir uma marca[370].

No entanto, o TJCE aceita que a descrição de um odor possa eventualmente preencher o requisito de representação gráfica, embora seja inegável que a sua aceitação se faça em moldes raros que levantam problemas quanto à clareza e à precisão dessa descrição.

– A fórmula química

O TJCE considerou que a fórmula química – $C6H5-CH=CHCOOCH3$ – representava o produto em causa[371] e não o seu odor (faltava-lhe clareza e precisão). Por um lado, sublinhou que a generalidade das pessoas não compreendia o que a fórmula traduzia e, mesmo que compreendesse, não conseguia captar o seu aroma (faltava-lhe inteligibilidade); por outro, considerou que impor-se a representação de sinais olfactivos por fórmulas químicas, corresponderia a um encargo para todos os que consultam o registo.

– Apresentação de uma amostra

O TJCE considerou que a amostra[372] sofria alterações com o tempo devido a certos fenómenos, nomeadamente a volatilização; nestes termos, a impressão olfactiva duradoura, que eventualmente podia ser o sustentáculo da representação gráfica, saía fracassada (faltava-lhe durabilidade e estabilidade).

Em suma, à segunda questão o TJCE respondeu que, tratando-se de um sinal olfactivo, a fórmula química, a descrição verbal e a amostra do odor registando – por si só ou combinadas – não preenchiam as

---

[370] Considerando n.º 46 das Conclusões do Advogado-Geral.

[371] Considerandos n.º 69 do Ac. e n.º 40 das Concusões do Advogado-Geral.

[372] Conforme resulta dos considerandos n.º 67 do Ac. e n.º 42 das Conclusões do Advogado-Geral.

exigências de representação gráfica[373], logo o sinal não satisfazia os requisitos necessários para ser registado de acordo com as regras de harmonização do mercado interno em matéria de marcas[374].

b.2) Conclusão do TJCE

O TJCE afastou a descrição verbal, a fórmula química e a apresentação de uma amostra, isolada ou conjuntamente, como meios de representação gráfica de sinais olfactivos; nestes termos, os sinais olfactivos fracassam nas exigências do registo de marcas no espaço comunitário.

5.6. *Reflexos do Acórdão Ralf Sieckmann*

Os reflexos do acórdão sentiram-se nos quatro cantos do mundo. Lêem-se comentários desde os EUA à Nova Zelândia; uns limitam-se à apresentação da matéria de facto e de Direito[375] enquanto outros, criticando a inflexibilidade da decisão e as suas consequências no futuro dos sinais olfactivos, soltam no ar a interrogação sobre as formas possíveis de representação gráfica de um odor.

Em KERLY'S[376], questionam-se as formas a utilizar na representação do sinal olfactivo, se bem que se considere que *Ralf Sieckmann* poderia ter ido mais longe ao definir o odor por referência às classificações standard, como a de Zwaardemaker ou a de Linnaeus[377].

---

[373] Considerando n.º 72 do Ac.

[374] Considerando n.º 73 do Ac.

[375] VERONIQUE BERTRAND e MARC GÉRON, Revue en Ligne du Barreau de Liége, Ordre des Avocats du Barreau de Liege, 24 de Fevereiro de 2003; ANNE GUILLOU, l'Europe en Bref, Délégation des Barreaux de France, Barreau de Paris, 2003, 253; MICHAEL HAWKINGS, ICLR, The Incorporated Council of Law Reporting for England & Wales; ABBE E. L. BROWN, Illuminating European Trade Marks?, 2004 in http://www.law.ed.ac.uk/ahrb/script-ed/docs/trade_marks.asp; FRESHFIELDS BRUCKHAUS DERINGER, *Registering Smells as Trade Marks*, in *International IP Update*, 2002; Em comparação com as marcas olfactivas nos EUA, JULIA ANNE MATHESON, ob cit.

[376] KERLY'S, ob. cit. Ponto 2-042 ss.

[377] Já referidas no presente estudo. Ver nota de rodapé n.º 205.

Mesmo assim, lê-se em KERLY'S que perante o conteúdo do acórdão, é extremamente difícil satisfazerem-se as exigências de representação gráfica, pelo que o resultado é, provavelmente, o da impossibilidade de se obter o registo de uma marca olfactiva a menos que, ou até que, as exigências formais de registo permitam outras representações para além das puramente gráficas ou da descrição verbal. A impossibilidade do registo de odores é a conclusão a que chega GILLIAN AKERMAN[378] e CARLOS OLAVO[379] que, perfilhando a posição do TJCE, refere expressamente que os requisitos de representação gráfica não se cumprem pela apresentação, isolada ou conjunta, da descrição verbal, da fórmula química ou da apresentação de uma amostra.

Lê-se em KATRINE LEVIN[380] que o acórdão lançou uma sombra, ou cortou pela raiz, a possibilidade do registo de marcas olfactivas num futuro próximo, dada a dificuldade de se imaginarem outras alternativas de representação gráfica para lá das apreciadas. Expressam NICK FENNER e MARK TOOKE[381] que a possibilidade do registo de marcas olfactivas se tornou muito reduzida, a menos que o TJCE mude a sua posição quanto aos aspectos fundamentais da registabilidade. *"Os sinais olfactivos não podem ser registados como marca"* assim se lê em *PÉREZ-LORCA*[382]. ORIOL GASULL[383] expressa que o TJCE veio na prática, limitar notavelmente a registabilidade de sinais visualmente imperceptíveis – olfactivos, gustativos e tácteis – ao interpretar restritivamente o conceito de representação gráfica da Directiva.

SIMON COCKSHUTT e MARIA FRANGESKIDES referem que o caso controvertido trouxe de novo a debate a possibilidade de se registar um odor como marca, embora seja uma ameaça à aceitação no futuro

---

[378] GILLIAN AKERMAN, Corporate Briefing, 2003.

[379] CARLOS OLAVO, ob. Cit., p. 81.

[380] KATRIN LEVIN, *Olfactory and Sound Marks in the European Union*, in World Intellectual Property Report, Abril 2003.

[381] NICK FENNER e MARK TOOKE, *Trade Mark Update*, in Intellectual Property Update, Watson, Farley & Williams, Londres, Janeiro de 2003. disponível em http://www.wfw.com/

[382] PÉREZ-LORCA, Abogados, *"Los signos Olfactivos no Pueden ser Registrados como marca"* in Noticias de Competencia y Mercado, 2003, 2, p. 10.

[383] ORIOL ARMENGOL I GASULL, *El Registro como Marca de los Signos Olfativos, Gustativos y Táctiles*, in PÉREZ-LLORCA Abogados, http://www.togas.biz/togas27/perezllorca.htm.

dos pedidos de registo de marcas olfactivas. Como apontam, a razão do problema reside no facto de, sendo as marcas um meio de identificação dos produtos/serviços pela sua origem e qualidade, ser muito discutível que o sinal olfactivo permita ao consumidor reconhecer um aroma e associá-lo a um objecto específico. Em suma, dizem, é praticamente impossível registar uma marca olfactiva devido às barreiras que o TJCE levantou ao requisito formal. O desafio é encontrar meios adequados de representação gráfica sem recorrer a fórmulas químicas, à descrição ou à apresentação de amostras.

A capacidade para o registo de aromas na CE parece remota na medida em que, depois do caso *Sieckmann*, se torna difícil imaginar como é permitido proceder ao registo de uma marca olfactiva, afirma-o PIERRE-ANDRÉ DUBOIS[384] que, diz ainda, a avaliar pela posição do TJCE, as poucas marcas olfactivas registadas no território da CE correm o risco de ser declaradas inválidas.

Do optimismo aparente na aceitação da descrição como meio de representação gráfica, de que o *"aroma de erva recentemente cortada"* é exemplo, LORRAINE FLECK considera que a decisão *Sieckmann* impede o registo de marcas olfactivas, na medida em que os requerentes se limitam a descrever o sinal pelos métodos que, precisamente, o TJCE considerou insatisfatórios para o efeito. Salienta a autora que enquanto os perfis estenográficos de um sinal olfactivo pareciam inicialmente ajustar-se ao teste do TJCE (dadas as imagens, linhas ou caracteres que dali resultam[385]) parece, pós-*Sieckmann*, improvável que sejam considerados como representação gráfica. É que ao abrigo da posição do TJCE, os perfis estenográficos não são suficientemente inteligíveis pela maioria dos consumidores, sendo-o apenas pelos especialistas. Assim, LORRAINE FLECK considera que na falta de uma jurisprudência comunitária que contrarie a defendida no caso *Sieckmann* será muito difícil, senão mesmo impossível, registar-se uma marca olfactiva na CE[386]. No mesmo sentido, afirmando expressa-

---

[384] PIERRE-ANDRÉ DUBOIS, *Trademark Law evolves in Europe's Highest Courts in IP Europe*, an American Lawyer Media Publication, 2003, April.

[385] E que são características de representação gráfica, mencionadas expressamente no considerando n.º 46 do Ac., onde se lê: *«Esta representação gráfica deve permitir ao sinal poder ser visualmente representado, em particular por meio de desenhos, linhas ou caracteres, de forma a que possa ser identificado com exactidão».*

[386] LORRAINE FLECK, ob. cit., p. 5 ss.

mente que a posição do TJCE é uma forte objecção ao registo de marcas olfactivas, segue NGUYEN NHU QUYNH[387].

O grupo *Minter Ellison Rudd Watts,* não escondeu o receio das repercussões da decisão do TJCE no registo de marcas olfactivas na Nova-Zelândia, onde são registáveis, referindo que as possibilidades de sucesso no registo de um aroma se tornaram muito delicadas[388].

Para COUTO GONÇALVES[389], o TJCE entrou em contradição nas respostas às questões colocadas pelo *Bundespatentgericht.* Para o ilustre Professor não faz sentido que ao considerar registável, como marca olfactiva, um sinal visualmente imperceptível, o TJCE tenha determinado que a fórmula química não preenchia os requisitos da representação. É que, parece, o problema deixa de ser a não susceptibilidade de representação gráfica para passar a ser o da distintividade. Assim, defende, o TJCE deveria ter reconhecido preenchida a representação gráfica e remetido, para o *Bundespatentgericht,* a apreciação da distintividade. É que se o TJCE aceita, por um lado, que um sinal olfactivo possa constituir uma marca, mas recuse, por outro, o preenchimento do requisito da representação gráfica pela fórmula química, como é que então algum dia se pode registar um sinal olfactivo? Conhecer-se-ão outros meios de representar graficamente um odor que não através da fórmula química?

Quanto à questão da capacidade distintiva de um odor, diz COUTO GONÇALVES que uma marca olfactiva graficamente representável, pode ser aceite se o requerente provar que foi usada previamente e que desempenhou, no mercado, uma finalidade distintiva. Este uso não serve para tornar um sinal que inicialmente era indistinto num distinto, mas para determinar o complexo carácter distintivo de um sinal aromático.

---

[387] NGUYEN NHU QUYNH, ob. cit, p. 43.

[388] MINTERELLISONRUDDWATTS, *Typosquatting, Country Kitchens & Smell Marks,* in IP Newsletter, Developments in Intellectual Property Law in New Zealand, Setembro de 2003. www.minterellison.co.nz

[389] Luís COUTO GONÇALVES, *"Marca olfactiva e o requisito da susceptibilidade de representação gráfica – Ac. Do Tribunal de Justiça de 12.12.2002, P. C-273/00",* in CDP, n.º 1, Janeiro/Março, 2003, p. 14 e ss.

O comentário mais peremptório dos analisados é o do próprio RALF SIECKMANN[390]. Segundo o advogado especialista em patentes, a decisão não só põe termo aos sinais olfactivos mas também aos complexos sinais sonoros. Na recolha dos reflexos do acórdão em alguns ordenamentos jurídicos, RALF SIECKMANN verificou que o *Office* do Benelux não aceita desde Agosto de 2003, as marcas sonoras nem as olfactivas e que as compostas por cores só são registáveis pela optimização da respectiva distintividade, havendo no pedido uma limitada lista de produtos e definições de cores (classificadas pelo *Pantone Matching System*); ao nível da Alemanha, RALF SIECKMANN refere a declaração 8/2003 de 3 de Setembro do presidente do *Office* alemão e a amenda de 15 de Outubro de 2003 na Lei de Marcas Alemã, no sentido de que os sonogramas não são aceites para representar graficamente sinais sonoros. No Reino Unido, a nota de amenda n.º 3/03 aplicada desde 23 de Outubro de 2003, complexificou as formalidades para o registo de marcas de cor; sobre os sinais de cor, SIECKMANN refere a comunicação n.º 6/2003 de 10 de Novembro de 2003 do Presidente do OHMI. Nas declarações datadas de 29 de Agosto de 2003 e de 31 de Março de 2004, a Divisão de Marcas do *Office* da Suiça declarou a sua intenção de aplicar os critérios vindos do TJCE, no caso *Sieckmann*, ao registo de marcas sonoras e compostas por cores. Finalmente, RALF SIECKMANN refere ainda que no ponto 181 da resolução de Julho de 2004 da *Associação Internacional para a Protecção da Propriedade Industrial* – em resultado da discussão sobre marcas não convencionais – se lê que a sua representação gráfica não é um pré-requisito de registo, mas só podem ser registadas se a sua descrição ou definição for clara, precisa, facilmente acessível e inteligível.

"Certeza" é para LEE CURTIS a palavra-chave que justifica a posição do TJCE. O registo de uma marca é o nascimento de um monopólio de direito, de uma arma legal incrivelmente forte, que atribui ao titular o direito à exclusividade do uso e à prevenção contra terceiros usurpadores. Assim, os potenciais competidores que consultem o *Register* devem poder determinar, com clareza e certeza, o que é que

---

[390] RALPH SIECKMANN, *Welcome to the Non-Traditional Trade Mark Archives* disponível *em* http://www.copat.de/markenformen/mne_markenformen.htm.

132   *A Marca Olfactiva*

o sinal registado representa como marca, o que não se consegue por nenhuma das formas utilizadas por *Sieckmann*. Seja como for, como salienta o autor, mesmo com a presente tecnologia, a possibilidade de se registar um odor parece claramente afastada, pelo que aos operadores económicos resta, por enquanto, satisfazerem-se com palavras, formas, sons através dos quais possam *marcar* os seus produtos e/ou serviços[391].

Em contraste com as visões anteriores, está a de SÉBASTIEN GUERRERO[392] para quem o acórdão assume uma noção ampla de representação gráfica – conforme ao espírito da Directiva – e cuja interpretação *a contrario* fornece elementos chave para a validade de marcas olfactivas. Reconhecendo que a marca olfactiva é mais difícil de concretizar do que os sinais visuais, GUERRERO defende que não é pela combinação de elementos, que o sinal olfactivo vinga resumindo, por isso, a representação gráfica a um só elemento que a satisfaça.

Apreciando as formas de representação utilizadas por *Sieckmann*, SÉBASTIEN GUERRERO afasta a fórmula química porque, ao omitir a interacção dos diferentes átomos, não permite proteger juridicamente uma substância química pura, representando um grande risco para o Direito das Patentes; a amostra parece-lhe inútil porque, além de não constituir uma forma de representação gráfica, é impossível conservar um odor de uma forma estável e durável; quanto à descrição verbal defende a sua clareza, precisão e objectividade. O autor vê na pronúncia do TJCE a confirmação da prática do OHMI relativamente ao *«odor de erva recentemente cortada»*, na medida em que se trata de um sinal que satisfez a clareza, a precisão e a objectividade que as classificações de perfumaria não preenchem.

Em suma, para SÉBASTIEN GUERRERO, a visão correcta das condições de validade de uma marca olfactiva depende da aproximação das decisões do OHMI e do TJCE que, longe de serem opostas, se completam na precisão do sinal olfactivo. Assim, conclui que a marca olfactiva deve resultar de um procedimento gráfico facilmente reconhecido por todos, tal como o espera o TJCE ao exigir *clareza, precisão* e *objectividade*, ou não fosse a função essencial da marca proteger um sinal reconhecível seja por quem for.

---

[391] LEE CURTIS, *The Smell of Trade Marks*, Pinsent Curtis Bidle, 2003, Fevereiro.
[392] SÉBASTIEN GUERRERO, *La Marque Olfactive, Mythe ou Réalité? (Analyse)*, disponivel em Legalbiznext, 2002, Dezembro.

CONCLUSÕES

I

A concepção supranacional da marca, resultou da força centrípeta da comunidade internacional que, com a *Convenção de Paris,* instituiu uma União para a protecção da propriedade industrial, assente num regime de coexistência com os ordenamentos jurídicos dos *países unionistas*; destaca-se o art. 6.º *quinquies* (no qual se inspirou o art. 7.º RMC) que, além de garantir que a regularidade do registo no país de origem seja condição bastante para a vigência da marca no restante território *unionista*, permite uma tímida delimitação dos contornos do que seja uma marca.

A burocracia do registo internacional vinda da *Convenção,* foi simplificada com o *Acordo de Madrid*, do qual ficaram fora os EUA e outros Estados que viriam a ser membros da CEE; a adesão destes ao *Sistema do Registo Internacional* ocorreu um século mais tarde, com a assinatura do *"Protocolo relativo ao Acordo de Madrid",* que com o *Acordo* forma o *Sistema da União de Madrid.* A par da *Convenção,* o *Sistema da União de Madrid* não prevê uma definição de marca uniforme nos Estados signatários.

A simplificação e harmonização do procedimento do registo internacional foi o objectivo essencial do TDM, que *censura* os sinais não visíveis, situação que o Tratado que o revê – *Tratado de Singapura* – corrige, ao consagrar os sinais não tradicionais. A admissão destes foi entretanto reforçada pelo TRIP'S que, além disso, define explicitamente marca.

II

Desde o aparecimento da CEE à entrada em vigor da Directiva, existiam divergências legais entre os regimes nacionais de propriedade industrial e o regime comunitário que, reconheceu-o o TJCE, afectavam a livre circulação de mercadorias e distorciam a concorrência. Para se corrigir a situação, surgiu a Directiva que, impondo uma harmonização suave e parcial entre os regimes nacionais, é o primeiro acto supranacional a "definir" exaustiva, mas não taxativamente, marca.

Contudo, a interpretação da noção de marca dada pela Directiva não é uniforme na doutrina. Para uns, trata-se mais de uma indicação aos Estados-membros, dos sinais que podem ser marcas e da enunciação da sua função (indicação da origem dos produtos/serviços e distinção dos demais). Nesse sentido, o termo *"Podem"* – que consta da redacção da definição – e as exigências de *representação gráfica e distintividade,* respectivamente, delimitam e excluem *à priori* uma série de sinais; é pela exigência da determinação clara e inequívoca do exacto alcance do sinal (*representação gráfica)* e da sua percepção ordinária pelo público, sem recurso a medidas de descodificação (*distintividade),* que se (de)limitaram substancialmente os sinais registáveis; Para outros, a noção ampla da Directiva foi a única maneira de se assegurar uma realidade elástica e adaptável à recepção de novos sinais, sendo a enumeração das composições dos sinais possíveis, necessária para efeitos de clareza e segurança jurídicas.

A prática mostrou que as significativas divergências entre as legislações dos Estados-membros dificultavam a consolidação do regime comunitário de marcas, o que levou à aprovação do RMC que criou a marca comunitária, permitindo a protecção, com um só pedido, das marcas no conjunto dos Estados-membros. A marca comunitária estabeleceria uma relação estreita com a internacional, com a adesão da CE ao *Protocolo.*

III

Por marcas comunitárias entendem-se os sinais que, além de nominativos, figurativos, compostos, sonoros, *olfactivos, gustativos* e *tácteis,* sejam graficamente representáveis e distintivos.

Apesar das observações doutrinárias à noção da Directiva, que encontra paralelo no RMC, a doutrina em geral considera-a não taxativa incluindo, por isso, as novas marcas, ou seja, as sonoras (sons, ruídos ou toques), olfactivas, gustativas e tácteis.

O preenchimento do requisito formal – *representação gráfica* – e material – *distintividade* – é imprescindível e a sua falta subsume o sinal nos motivos absolutos de recusa.

Com efeito, o sinal deve ser objecto de representação gráfica para efeitos de exame, publicação e consulta pública. No interesse do público em geral, e dos titulares de marcas prioritárias, o que está a ser protegido, e em que termos o está, deve ser perceptível – escrito e lido.

Mas, se as marcas tradicionais não levantam problemas de representação gráfica, já o mesmo não se pode dizer das não tradicionais, dada a sua insusceptibilidade visual.

Na representação gráfica dos sinais não convencionais, encontram-se significativas divergências doutrinárias. Para uns, qualquer sinal, incluindo o táctil e o gustativo, pode ser graficamente representado mais que não seja pela descrição verbal, embora reconheçam que essa ideia esvazie o conteúdo do requisito formal. Foi por respeito à integridade deste requisito, que o legislador exige aos sinais não tradicionais, algo mais do que a descrição verbal, algo que exerça a objectividade e o seu exacto alcance. No entanto, parte da doutrina salvaguarda que a equiparação da representação gráfica à percepção visual não é exemplo (fundamenta-o o pentagrama, representação gráfica de sinais sonoros que, embora visualmente imperceptíveis, assim se representam).

A prática tem mostrado que o OHMI tem sido mais permissivo do que o TJCE na interpretação do requisito formal, vendo-o não tanto como uma representação gráfica em si, mas como uma descrição gráfica verbal.

136   *A Marca Olfactiva*

A par da representação gráfica, o sinal é submetido ao teste da distintividade, função essencial da marca que consiste na sua aptidão – concreta e abstracta – para ser percebido pelo público (individualizando os produtos/serviços de determinado operador económico – *ou seu sucessor com elementos de continuidade com o primeiro, ou outro que com aquele tenha relações jurídico-económicas* – face aos demais).

Além de ter de preencher os requisitos formal e material, o sinal não pode prejudicar direitos prioritários, ou seja, tem de estar disponível para o requerente, no sentido de não ter sido anteriormente *requerido* nem concedido, sob pena de cair na teia dos motivos relativos de recusa (que se prendem com a identidade entre sinais – e produtos/serviços – e com o risco de confusão). Um sinal idêntico a um anterior, que assinale os mesmos produtos/serviços, viola o direito de propriedade e exclusividade do titular prioritário.

IV

A gestão do ambiente olfactivo, não sendo uma ideia recente, é o corolário dos operadores económicos actuais que, pela consciência de que o olfacto é o sentido mais emotivo e pelo desenvolvimento de sofisticados sistemas de difusão de aromas, criaram um *marketing olfactivo*. A partir da percepção (variável de acordo com a idade, sexo, raça, características psicológicas, comportamentais, físicas e culturais) e da memorização (influenciada pelas preferências dos indivíduos e pelo *processo de adaptação*) o operador económico atrai o consumidor pelo *"nariz"*, torna o seu espaço comercial confortável e cria a sua marca olfactiva. Há um reconhecimento geral que, face às especificidades da memória olfactiva, um operador económico pode encontrar num aroma um meio de evocar a sua marca e identidade, sem necessidade de um sinal visualmente perceptível; o exemplo mais apontado é o da *Air France.*

Pelo processo do micro-encapsulamento e pela difusão natural, ventilação, *chauffage,* pulverização ou por micronização, o empresário pode perfumar o seu produto e serviço, respectivamente.

V

A recusa do registo de marcas olfactivas é defendida pela maior parte da doutrina dada a sua não susceptibilidade de preencher o requisito formal e material, se bem que existam formas de representação gráfica de odores e se possam encontrar meios de lhes atribuir a respectiva distintividade. O requisito formal é o mais criticado, assistindo-se a uma luta doutrinária na escolha dos meios para o preencher.

Para alguns, o sinal olfactivo limita-se a uma representação gráfica mediata, extremamente dificultada pela inexistência de um descritor comum; para outros, mais optimistas, os odores podem ser representados de várias formas, nomeadamente pela descrição qualitativa recolhida das experiências vividas, como o *"odor de erva recentemente cortada"*. A forma mais *tradicional* na representação gráfica de aromas é feita pela *"avaliação sensorial"* – assente em listas de termos estandardizados de percepções sensoriais, das quais há registo de oito. Contudo, a sua excessiva subjectividade é um problema ao nível da propriedade industrial, cujas modalidades de protecção exigem um objecto concretamente delimitado.

A par da *"avaliação sensorial"* existem a *cromatografia de gases*, a *cromatografia liquida de alto rendimento*, a *espectrometria de massas*, a *ressonância magnética nuclear* e a *espectroscopia de infravermelhos e ultra violeta*, donde resultam o *cromatograma* e o *aromograma* que representam graficamente um odor, sem revelar a sua composição química que permanece em segredo empresarial. Contudo, o uso destes processos torna-se mais difícil quanto mais complexas forem as fragrâncias, por isso a indústria dos aromas tem recorrido maioritariamente à *descrição verbal*.

Mas se por um lado, a descrição verbal detalhada pode constituir um meio limitativo da tutela do odor descrito (uma vez que só protege o detalhe do odor que for descrito) por outro, a descrição simples atribui uma tutela demasiado ampla (ao abarcar todos os aromas com características similares à do registando). Assim, enquanto que para as fragrâncias simples a descrição verbal parece ser satisfatória, para as complexas é imprecisa, sendo necessário completá-la com uma cromatografia e eventualmente com a *fórmula química* dos elementos que não possam ser de outro modo identificados.

A doutrina apologista do registo dos sinais olfactivos, apesar dos diversos métodos de representação gráfica que identifica, conclui que actualmente resta ao requerente começar pela descrição verbal e só depois recorrer aos restantes meios, com o fim de precisar o objecto do sinal, ou seja, o *"nariz"* e as *"palavras"* parecem ser ainda os meios mais eficazes e credíveis para se representar um odor. É que, além de excessivamente formais, os métodos sofisticados dificilmente transmitem aos examinadores e ao público em geral, a percepção adequada sobre a delimitação e a distintividade do sinal – é impossível percepcionar o aroma pelo confronto com uma cromatografia. Por essa razão, alguns autores propõem ainda que a representação técnica se faça acompanhar por uma descrição breve e que o operador económico disponibilize amostras da fragrância depositada a título de marca; contudo, reconhecem, corre-se o risco de se tornar o registo excessivamente oneroso.

Quanto ao requisito material, a importância do confronto entre o consumidor e o produto/serviço *"olfactivo"* no momento da compra é controversa. Parte da doutrina considera esse momento imprescindível, uma vez que se o produto/serviço for adquirido sem ser distinguido pelo odor, a marca olfactiva perde o seu carácter distintivo no momento em que o deve ter e não merece ser legalmente protegida. Mas para outros autores, no momento da aquisição há a distinguir os casos em que a característica olfactiva é perceptível dos que não o é; nestes, é necessária uma percepção *provocada* através da divulgação do aroma pela distribuição prévia de amostras. Existe ainda uma corrente doutrinária que defende que o odor é, no momento da aquisição, algo secundário que surge após a avaliação das outras características do produto/serviço e, embora reconheça que as preferências até possam resultar dessa característica olfactiva, defende que não é um elemento utilizado na aferição da proveniência empresarial. Além disso, existem situações em que há aquisição de um produto olfactivo ignorando-se essa sua característica, que permanecerá omissa ou desconhecida até à experiência sensorial.

Na distintividade há ainda a distinguir as marcas olfactivas que assinalam produtos não naturalmente odoríferos, das que assinalam os naturalmente odoríferos. Se quanto aos primeiros, a marca olfactiva não parece ser, para alguma doutrina, problemática já o mesmo não se pode dizer quanto aos segundos. Quanto aos não naturalmente odoríferos encontram-se, mesmo assim, algumas hesitações devido às dificuldades que podem suscitar, porque a sua protecção corre o risco de ser deceptiva ao estabelecer uma associação a um elemento que não pertence ao produto, ou enganosa, ao associar odores nobres a produtos que não o são.

Quanto aos naturalmente odoríferos, como o perfume, a doutrina em geral é inflexível e afasta-os do registo como marcas pela falta de distintividade e pelo facto de corresponderem a um valor substancial do produto – o da fragrância. Neste sentido, o *USPTO* tem recusado o registo de aromas quando os mesmos são funcionais, nomeadamente quando designam perfumes, colónias ou ambientadores.

A doutrina demonstra que a marca olfactiva não pode ser concedida para um perfume ou *aftershave,* na medida em que o produto em si mesmo já é o aroma. Além disso, a protecção de marcas olfactivas para produtos odoríferos seria descritiva e genérica, porque se reportaria habitualmente à categoria do produto assinalado. E por esta via, há unanimidade em se afastarem as fragrâncias exclusivamente genéricas e descritivas em relação ao produto que assinalam – como exemplo, o odor de *"sabonete"* para *"espuma de banho"* ou o de *"cacau"* para *"chocolate"* – e em certa medida, as fragrâncias que exclusivamente resultam das características técnicas dos produtos que designam, sob pena de se reduzir a possibilidade de concorrência. É que em muitos produtos, como nos detergentes, a presença de um determinado aroma é praticamente obrigatória para dissimular os odores desagradáveis dos restantes componentes. Ao lado destas, estão as fragrâncias consideradas de uso habitual para designar certos produtos, como o odor de *"limão"* para *"detergente para lavar a loiça"* e o de *"lavanda"* para *"ambientadores".*

Em suma, o odor tem de ser *arbitrário* em relação ao produto para ser uma marca olfactiva embora, mesmo assim, uma larga corrente doutrinária insista na sua inadmissibilidade, reforçando-a com a sua instabilidade no tempo e no espaço.

No entanto, embora minoritários, alguns autores consideram poder existir marcas olfactivas que designem produtos naturalmente odoríferos desde que não descrevam as características dos mesmos e assinalem simplesmente o produto pela sua distintividade. Nestes termos, e debruçando-se sobre o perfume, referem que sendo as suas características o odor, a composição, a cor e a concentração, estas não serão designadas pelo sinal olfactivo, até porque está fora de questão um fabricante de perfumes revelar as matérias primas que utilizou. Concluem, portanto, que o odor, sendo uma escolha deliberada, fantasiosa e singular qualifica, sem contudo designar, uma característica odorífera, logo uma fragrância pode ser distintiva.

Mas mesmo nas fragrâncias arbitrárias a distintividade continua a não ser doutrinariamente sólida, pelo que as vias possíveis do preenchimento dessa lacuna serão o recurso à publicidade *persuasiva* e ao *secondary meaning,* a operar antes ou depois do registo (exigindo-se que o consumidor tenha acesso ao aroma e identifique através dele, fiel e frequentemente, a fonte). Mas a doutrina reconhece que o empresário fica desprotegido dos terceiros até que o *secondary meaning* se implante, pelo que a solução parece ser a promoção/ protecção prioritária por um sinal tradicional e, só depois de conseguido o *secondary meaning,* o seu registo como marca olfactiva.

Contudo, a via do *secondary meaning* não convence todos os autores para quem a associação, feita pelo consumidor, entre a fragrância e a respectiva fonte é insuficiente para se falar nesse instituto.

Em sede de distintividade, a doutrina ainda se debruça sobre o risco de confusão e a contrafacção. A aferição do risco de confusão, deve ser feita pela comparação das *cromatografias* dos aromas em confronto e pela avaliação dos danos patrimoniais provocados pelo aroma usurpador. Para averiguar a contrafacção, o método mais eficaz parece resultar da comparação das fragrâncias pelo *confronto sensorial,* uma vez que os procedimentos *cromatográficos* e técnicos poderão ser perigosos ao permitirem concluir que os aromas, embora similares ao olfacto, sejam tecnicamente distintos.

Quanto a saber-se se o *confronto sensorial* deva ser técnico ou jurídico, a doutrina não chega a nenhuma conclusão em concreto, embora adiante que a intervenção de um técnico seja imprescindível, porque realça características do odor que passam despercebidas ao consumidor médio. Contudo, salienta, o recurso a uma consulta técnica oficiosa deverá resumir-se a meras funções auxiliadoras do julgador, não devendo afectar a responsabilidade das partes quanto ao ónus da prova.

VI

Os sinais não convencionais, nomeadamente olfactivos, são explicitamente afastados por vários ordenamentos jurídicos, que se limitam a aceitar apenas os visualmente perceptíveis. Pelo contrário, outras jurisdições admitem-nos expressamente como marcas; contudo, a maioria das jurisdições nem os recusa nem os admite, permitindo abertas reflexões sobre o seu futuro nos respectivos territórios.

Segundo a OMPI, embora os aromas possam ser registados como marcas desde que distintivos, não existe nenhuma obrigação internacional de prever o registo de marcas olfactivas, cabendo às legislações nacionais a sua consagração.

Na Austrália e nos EUA os sinais olfactivos têm merecido particular atenção, o que se evidencia com o *Acordo de Comércio Livre* que recentemente celebraram e que prevê o registo de marcas olfactivas.

Quanto à representação gráfica dos sinais olfactivos, a Austrália parece considerar suficiente a descrição verbal, embora todos os pedidos de marcas olfactivas que constam do histórico do *Office* australiano tenham sido recusados porque se limitaram a descrever verbalmente o odor. Nestes termos, a doutrina permanece na dúvida sobre se a descrição verbal acompanhada, por exemplo, pela fórmula química do aroma, satisfaz ou não, o *Office* australiano; a dúvida justifica-se, porque a doutrina reconhece que a fórmula química representa os compostos e não o odor em si e que não é através dela que o consumidor percepciona a marca olfactiva.

Quanto às restantes formas de representação gráfica, como as *cromatografias*, a doutrina considera-as inacessíveis aos leigos e não lhes *representa* a marca registanda.

Cabe aos EUA o pioneirismo do registo da primeira marca olfactiva em todo o mundo – a *"fragrância floral fresca, de alto impacto, que recorda rebentos de plumérias"* - aplicada a fios para costura e bordados. Contudo, o seu registo não foi ausente de dificuldades. Com efeito, o sinal olfactivo começou por ser recusado em sede de exame porque não era distintivo, o odor era funcional e a maioria dos produtos tinha um aroma incorporado para os tornar mais agradáveis e não para identificar a sua origem; o *USPTO* salvaguardava no entanto que, provada a distintividade, a marca poderia ser registada. Da recusa coube recurso para o *TTAB,* que concedeu a marca porque a requerente era a única entidade a comercializar aqueles produtos perfumados (logo era distintiva), a fragrância não era um atributo nem uma característica inerente ou natural dos produtos em causa (logo não era funcional), a requerente promovera o sinal olfactivo através da publicidade e demonstrara que os distribuidores, os retalhistas e os clientes dos seus produtos a reconheciam como a fonte dos produtos aromatizados (reforço da distintividade). Em comentários ao ac. do *TTAB,* a doutrina considera que foi pelo facto de a requerente ser a única a utilizar um sinal olfactivo para distinguir os produtos assinalados, que a marca adquiriu distintividade (a qual resultou, não do aroma mas, da singularidade da própria requerente). No entanto, parte da doutrina mostra-se decepcionada pelo facto de o *TTBA* não ter definido sólidos critérios que, uma vez preenchidos, permitissem o registo dos sinais olfactivos. Mas outros autores defendem que o presumível silêncio do *TTAB* se deve ao facto de não querido aplicar aos sinais não convencionais os padrões clássicos exigidos aos convencionais.

Observa-se ainda, que as marcas olfactivas nos EUA se têm limitado a aromas comummente conhecidos e imediatamente identificados pela maioria do público, através das suas experiências pessoais. Com efeito, todos os pedidos assentaram num aroma banal, inalterado, imediatamente perceptível pelo público, cuja representação gráfica se resumiu a uma descrição verbal clara. Em suma, e em termos de representação gráfica, para o USPTO é suficiente a descrição verbal do odor e a referência, no formulário do pedido, das palavras *«No Drawing».* No entanto, e apesar do número de marcas olfactivas registadas nos EUA, é certo que a sua execução não é fácil, em virtude de não serem inerentemente distintivas nem terem suficiente vigor nos casos de averiguação do risco de confusão, daí que o seu registo seja maioritariamente feito no *Supplemental Register.*

No caso do Canadá, embora nunca tenham sido pedidas marcas olfactivas, a doutrina tem-lhes dedicado alguma atenção, aceitando-as desde que o odor seja claramente descrito, não funcional e usado como marca olfactiva – e como tal conhecido pelo consumidor no momento da aquisição; alguns autores aceitam-nos desde que distintivos enquanto outros, partindo da distintividade, recorrem às disposições em matéria de concorrência desleal – desde que exista risco de confusão entre aromas – as quais, ao se aplicarem às marcas (registadas ou não), se estendem implicitamente aos aromas. A doutrina ainda sugere a redefinição legislativa de marca, ou a adição das palavras *"aromas, sons ou outros sinais não visuais"* à definição já consignada na lei e a consagração expressa da descrição verbal como a forma de representação gráfica dos sinais olfactivos.

VII

A marca olfactiva na UE é um paradoxo. Se, por um lado, se encontram registadas duas marcas olfactivas num dos Estados-membros (Reino Unido) e uma no OHMI, por outro, a prática, a doutrina e a jurisprudência comunitárias têm-se mostrado muito prudentes na sua admissibilidade.

No Reino Unido, único Estado-membro onde se conhecem registadas duas marcas olfactivas – *"o odor de rosas"* aplicado a pneus e o *"odor de cerveja"* aplicado a dardos – a posição do *Registry* tem-se aproximado dos princípios definidos pelo TTAB na Decisão *Celia Clarke* relativamente à precisão da descrição verbal.

Mas, mesmo que a descrição verbal seja precisa, a doutrina britânica tem defendido que o aroma estará sempre obscuro, pelo que os pedidos de marcas olfactivas só devem ser aceites se a sua descrição for feita por termos correntes. Foi precisamente o recurso a esses termos que levou as duas marcas olfactivas ao sucesso do registo. No entanto, a descrição do sinal como *"o odor, o aroma ou a essência de canela"* foi condenada ao fracasso devido, segundo o *Registry*, à sua ambiguidade e imprecisão, além de pressupor que público conhecesse o odor registando (não sendo, contudo, claro se a essência de canela era diferente do seu odor e/ou do seu aroma). O requerente apresentou ainda um perfil do odor obtido pela via do *"nariz electró-nico"* mas, além do laboratório reconhecer que tanto as diferenças de temperatura como os *"transportadores"* do odor afectariam a sua percepção pelo público, o *Registry* considerou-o incompreensível para o público e recusou o registo.

Da recusa coube recurso para TT o qual, reconhecendo registáveis sinais visualmente imperceptíveis, não definiu os termos em que podem ser graficamente representados, limitando o sucesso formal dos sinais olfactivos a uma *(re)/apresentação clara* e *inequívoca*. Curiosamente, o TT teria aceite o registo se a descrição tivesse sido algo do género: *«o aroma de canela tal como é emitido por X (com esse "x" clara e inequivocamente definido)»*.

Nos comentários à Decisão do TT, a doutrina considera ter-se problematizado o registo de marcas olfactivas, até porque o TT se contrariou a si mesmo; de facto, se por um lado reconheceu que a representação gráfica dos sinais não perceptíveis pela visão não podia ser exigida em termos de os tornar visíveis, por outro exigiu-o com a clareza e inequivocabilidade.

Face à posição administrativa e jurisprudencial, a doutrina mantém-se em dúvida quanto ao futuro das marcas olfactivas no Reino Unido.

Até hoje foram pedidas cinco marcas olfactivas em França, embora tenham dado entrada no *Office* como figurativas (na descrição da figura constava a menção expressa de se tratarem de marcas olfactivas). As representações gráficas variaram entre a descrição verbal, apresentação de amostras, cromatografias gasosas e cromatogramas. Contudo, a insegurança jurídica e a subjectividade na percepção dos odores, bem como a falta de referência a um sistema analítico e de transcrição unanimemente reconhecido, ditou o insucesso do registo. Curiosamente, embora seja o Estado-membro onde mais casos de marketing olfactivo se testemunharam, a doutrina tem convergido no afastamento do registo de marcas olfactivas.

VII

Entre a descrição *"aroma de erva recentemente cortada"*, *"aroma de morangos maduros"*, *"odor de limão"*, *"aroma de baunilha"* ou *"odor do sabor a laranjas"* e apesar da uniformidade das decisões dos examinadores, as Câmaras de recurso do OHMI encontraram significativas diferenças no preenchimento do requisito formal. Até hoje, e em virtude da sua clareza e evidência, só a descrição *"aroma de erva recentemente cortada"*, acompanhada pela indicação expressa como *"marca olfactiva"*, satisfez a representação gráfica. São várias as críticas doutrinárias à Decisão da 2ª Câmara, que decidiu pela concessão da marca. A doutrina tem considerado que a "objectividade" da descrição do sinal, encontrada pela Câmara, está longe de ser conforme à objectividade exigida pelo TJCE, relativamente à descrição dos sinais olfactivos. Essa desconformidade é evidente quando na Decisão se lêem frases impregnadas de referências subjectivas, nomeadamente *«O aroma de erva recentemente cortada é um odor distinto que todo o mundo reconhece imediatamente a partir das suas recordações»* e que *«Para muitos, o aroma ou o perfume da erva recentemente cortada lembra a primavera, o verão, a erva aparada, os campos de jogos ou outras experiências agradáveis».*

No caso do *"aroma de morango"*, a 1.ª Câmara decidiu pela insuficiência da descrição e não se deixou convencer pela apresentação da imagem de um morango maduro; também a 4.ª não aceitou a descrição do *"odor de limão"*. Nestes termos, os contornos que a representação gráfica tem de assumir para os sinais olfactivos satisfazerem as exigências de Alicante permanece uma interrogação.

Alguns autores concluem que, para as Câmaras de Alicante, e à semelhança do que acontece nos EUA, desde que o aroma registando seja conhecido e que a descrição verbal, lida atentamente pelo público, seja familiar se satisfaz a representação gráfica (mas a jurisprudência do TPI e do TJCE parece avançar num sentido diferente).

Em suma, implementou-se um *princípio do odor comum* cujas referências concretas podem ser feita pelo recurso à Classificação da Sociedade Francesa de Perfumadores, apesar de se reconhecer a sua *generalidade* e a sua dificuldade face a certos odores, bem como o facto de alguns serem classificáveis em mais de uma família. Parte da doutrina considera ainda que é graças a este princípio, que o registo de marcas olfactivas tem tido tanto sucesso nos EUA e no Reino Unido.

IX

Ralf Sieckmann apresentou no *DPM* o pedido de registo, como marca olfactiva, do aroma da substância química pura *cianato de metilo,* graficamente representada pela descrição verbal (*«aroma balsâmico-frutado com ligeiras notas de canela»* – e referência expressa como olfactiva), pela sua fórmula química e por uma amostra.

146 *A Marca Olfactiva*

O pedido foi indeferido por falta do preenchimento do requisito formal e material. Do indeferimento coube recurso para o *Bundespatentgericht*, o qual suscitou a intervenção do TJCE, questionando-o sobre se um odor poderia ser registado como marca, de acordo com a Directiva, e se sim em que termos. Ás questões, o TJCE respondeu que um sinal visualmente imperceptível poderá constituir uma marca desde que a sua representação gráfica seja clara, precisa, completa, facilmente acessível, inteligível, duradoura, inequívoca e objectiva; naquele caso concreto, o TJCE penalizou a descrição do odor – *com a falta de clareza, de precisão, de objectividade* – a fórmula química – *com falta de inteligibilidade* – e a amostra – *com falta de durabilidade e estabilidade*. Em suma, para o TJCE, os sinais olfactivos fracassam nas exigências do registo de marcas no espaço comunitário.

X

Os reflexos do acórdão *Sieckmann* sentiram-se no mundo inteiro; as críticas à inflexibilidade da decisão e às suas consequências no futuro dos sinais olfactivos são severas.

A interrogação sobre as formas de representação gráfica dos sinais olfactivos é unânime pelo que, aparentemente, é impossível obter-se o registo de uma marca olfactiva até que as exigências formais permitam outras representações para além das puramente gráficas ou da descrição verbal.

Face às barreiras erguidas pelo TJCE, o desafio é encontrar meios adequados de representação gráfica sem se recorrer à descrição, à apresentação de amostras ou a fórmulas químicas.

Alguma doutrina questiona-se sobre o futuro das marcas olfactivas já registadas no quadro da UE que, face à posição do TJCE, parece correrem o risco de ser declaradas inválidas.

Do optimismo aparente na aceitação da descrição verbal como meio de representação gráfica, de que a marca do *"aroma de erva recentemente cortada"* é exemplo, a decisão *Sieckmann* impede o registo de marcas olfactivas, na medida em que os requerentes se limitam a descrever o sinal pelos métodos que o TJCE considerou insatisfatórios para o efeito.

Para alguns autores, enquanto os perfis estenográficos pareciam inicialmente ajustar-se ao teste da representação gráfica, tal como definida pelo TJCE (dadas as imagens, linhas ou caracteres que dali resultam e que são características de representação gráfica menciona-das expressamente no considerando n.º 46 do Ac.) parece, pós--Sieckmann, improvável que sejam considerados como representação gráfica. É que, parece, os perfis estenográficos não são suficiente-mente inteligíveis pela maioria dos consumidores, sendo-o apenas pelos especialistas. Logo, na falta de uma jurisprudência comunitária que contrarie a defendida no caso *Sieckmann* será muito difícil, senão mesmo impossível, voltar a registar uma marca olfactiva na CE.

Alguma doutrina sublinha ainda a contradição nas respostas dadas pelo TJCE às questões do *Bundespatentgericht,* pois não faz sentido que, ao aceitar o registo de sinais visualmente imperceptíveis, o TJCE tenha determinado que a fórmula química não preenche o requisito formal. Com efeito, parece que o problema do preenchi-mento formal passa a ser o do preenchimento material, ou seja, a capacidade distintiva do sinal. Nestes termos, o TJCE deveria ter reconhecido a representação gráfica como preenchida e deveria ter remetido, para o *Bundespatentgericht,* a apreciação da capacidade distintiva. É que, se se aceita que um sinal olfactivo seja registável mas se recuse que a fórmula química preenche o requisito formal, como é que algum dia se pode registar um sinal olfactivo?

O comentário mais peremptório é o do próprio *Ralf Sieckmann* para quem a decisão põe, simplesmente, termo aos sinais não con-vencionais.

Nos reflexos da decisão do TJCE, verifica-se que o *Office* do Benelux não aceita nem marcas sonoras, nem olfactivas, e que as compostas por cores só são registáveis, observadas estritas condições; por sua vez, numa declaração oficial, o presidente do DPM afirmou que os sonogramas não representam graficamente os sinais sonoros; o Reino Unido complexificou as formalidades para o registo de mar-cas de cor; o *Office* da Suíça declarou a sua intenção de aplicar os critérios do TJCE, assentes caso *Sieckmann*, ao registo de marcas sonoras e compostas por cores; finalmente, a *Associação Internacio-nal para a Protecção da Propriedade Industrial*, declarou que os sinais não convencionais só podem ser registados se a sua represen-tação gráfica for clara, precisa, facilmente acessível e inteligível.

148 *A Marca Olfactiva*

Dos reflexos aparentemente prejudiciais da decisão *Sieckmann*, apenas uma posição retira do ac. uma noção ampla de representação gráfica, (conforme ao espírito da Directiva) e que, pela interpretação *a contrario,* o ac. fornece elementos chave à validade de marcas olfactivas; neste sentido, o TJCE confirmou a prática do OHMI na aceitação do *«odor de erva recentemente cortada»* pois trata-se de um sinal com uma representação gráfica clara, precisa e objectiva. Em suma, para esta posição singular, para se ter uma visão correcta das condições de validade de uma marca olfactiva, devem aproximar-se as decisões de Alicante e do Luxemburgo as quais se completam e precisam o regime do sinal olfactivo.

XI

O sucesso dos sinais olfactivos tem, pelas dificuldades do presente, um futuro incerto. É uma evidência que os estrategas de marketing têm explorado o lado olfactivo dos consumidores e que o vão continuar a fazer o que, pelas exigências do próprio mercado, obrigará os regimes de propriedade industrial a ceder ao registo dos sinais não convencionais. Assim, e no que respeita aos olfactivos, a recusa como marcas para produtos naturalmente odoríferos impõe-se, como forma de resolução *á priori* de problemas de aromas funcionais e de sinais descritivos. Isolando os produtos naturalmente não odoríferos, devem aceitar-se como registandos os aromas simples, graficamente representados pela sua descrição verbal detalhada com referência a uma percepção sensorial comum. A aplicação da marca olfactiva ao serviço, suscita os mesmos problemas apontados para o produto. A necessidade da arbitrariedade do aroma também se exige aos serviços desconsiderando-se por exemplo, o aroma de *"café"* e de *"biscoitos acabados de fazer"* para assinalar serviços de restauração ou o de *"éter"* para serviços de cuidados médicos.

A ideia de uma *scent depletion* dos aromas simples, discutida e praticamente abandonada pela doutrina e jurisprudência norte americana, não parece ser totalmente descabida. Com efeito, a permitirem-se apenas os aromas simples, certamente que estes acabam por se esgotar, bastando pensar-se nos aromas dos frutos, particularmente solicitados a registo.

Por esta razão, a necessidade de se aceitarem os aromas complexos impõe-se por si mesma; quanto a estes, a descrição verbal é insuficiente pelo que deve fazer-se acompanhar por cromatogramas e aromogramas, pela respectiva fórmula química (que deve ficar apenas na disponibilidade do *Office* para efeitos de averiguação dos motivos absolutos, respeitando-se assim o segredo profissional do empresário seu titular) e uma amostra (superando-se o problema da volatização, com renovações semestrais obrigatórias junto do *Office*, sob pena da caducidade imediata da marca).

Seja como for, é imprescindível a presença de técnicos com formação específica para interpretarem as formas técnicas de representação gráfica dos sinais olfactivos e auxiliarem os examinadores na sua interpretação, o que pode partir pela constituição de um departamento específico, em cada *Office,* para o exame dos sinais não convencionais.

Imprescindível será ainda a adopção de uma classificação internacional de aromas a qual, por mais insatisfatória que pareça, sofrerá consecutivos aperfeiçoamentos, tal como acontece com a classificação internacional, de produtos e serviços, de Nice.

Cumpre realçar ainda, que a doutrina internacional procura salvar o império distintivo do sinal olfactivo pela via da publicidade persuasiva e do *secondary meaning*. O risco de se esperar, pelo conhecimento no mercado, para se proteger um sinal olfactivo mostra-se demasiado elevado para o operador económico; com efeito, se esperar que o seu sinal seja conhecido, como olfactivo, para depois o poder registar, certamente que as probabilidades de ver o seu direito usurpado por terceiros são muito significativas. Daí que uma solução possível seja criar, à semelhança do que acontece nos Estados Unidos, um duplo grau de registo para todos os sinais não convencionais; será uma forma de o empresário assegurar, desde o início, a protecção jurídica ao seu direito e de poder reforçá-la depois de o sinal se tornar totalmente distintivo.

Finalmente, há ainda a considerar a hipótese de as marcas olfactivas registadas em territórios unionistas poderem impor-se nos restantes territórios pela via do art. 6.º *Quinquies* da CUP. Com efeito, se registadas no território de origem, e sendo o seu registo condição bastante – segundo este preceito – para imporem a sua vigência no restante território unionista, porque não valerem-se desse direito para se imporem?! Sabendo-se que aos países de acolhimento está reservada a apreciação da distintividade, pelo menos no país de origem resolvia-se o drama da representação gráfica.

Tal como todos os sinais não convencionais, os olfactivos vão continuar a suscitar a reflexão administrativa, doutrinária e jurisprudencial de todos os ordenamentos jurídicos; só a reflexão conjunta, pelo menos comunitária, permitirá que a, par do *«aroma da erva recentemente cortada»*, outros aromas assentem direito, pelo menos em Alicante.

BIBLIOGRAFIA

AGRA, Manuel Botana – *La Proteccion de las Marcas Internacionales*, Marcial Pons, Ediciones Juridicas, S.A., Madrid, 1994.

AHMAD, Sameena – *Globalização e Marcas, in* O Mundo das Marcas, Actual Editora, 2003,197.

ALIKAN/MASHELKAR – *Intellectual Property and Competitive Strategies in the 21st Century*, KLuwer Law International, 2004.

ALLARD, Pablo Morenilla – *La Protección Jurisdiccional de la Marca Comunitaria*, Editorial Colex, 1999.

ARCÁLA, Luis – *Las Causas de Denegación de Registro de la Marca Comunitaria*, Tirant lo Blanch, Valencia, 2001.

ANNAND/NORMAN, *Guide to the Community Trade Mark*, Blackstone Press Limited, 1998.

ASCENÇÃO, Oliveira – *As Funções da Marca e os Descritores (Metatags) na Internet*, EDC, 2002, 4, 99.

BENABOU, Valérie-Laure – *Droits d'Auteur, Droits Voisins et Droit Communautaire*, Bruylant, Bruxelas, 1997

BENUSSI, Franco – *Il Marchio Comunitario*, Giuffré Editore, 1996.

BERTRAND/GÉRON – Revue en Ligne du Barreau de Liége, Ordre des Avocats du Barreau de Liege, 24 de Fevereiro de 2003

BETTINA, Elias – *Do Scents Signify Source: an Argument Against Trademark Protection for Fragrances*, 82 TMR, pag 475 ss.

BLAKELEY, Michael – *Trade Related Aspects of Intellectual Property Rights: A Concise Guide to the Trips Agreement*, Sweet & Maxwell, Londres, 1996.

BLACKETT, Tom – *O Que É Uma Marca?, in* O Mundo das Marcas, Actual Editora, 2003,13.

BHAGWAN, ASHITHA, KULKARNI, NAMITA e RAMANUJAM PADMANABHA, *Economic Rationale for Extending Protection To Smell Marks*, MPRA, 2007, disponível em http://mpra.ub.uni-muenchen.de

BODENHAUSEN, G.H.C. – *Guide d'Application de la Convention de Paris Pour la Protection de la Propriété Industrielle*, Birpi, 1969.

BOGSCH, Arpad – *Guide Pour l'Enregistrement International des Marques en Vertu de l'Arrangement de Madrid et du Protocole de Madrid*, 2.ª ed., OMPI, 1997.

BRAUN, Antoine – *Précis des Marques*, 4.ª ed. Larcier, 2004.

BREESE, Pierre – *Proprieté Intellectuelle des Créations Sensorielles*, disponível em http://www.breese.fr.
– *Séminaire "Droit des Marques" à Bordeaux*, disponível em http://www.breese.fr.

152 *A Marca Olfactiva*

– *La Difficile Mais Irréversible Émergence des Marques Olfactives*, 2003, disponível em http://www.breese.fr.

– *The Science of a Good Nose!*, An Interview With Pierre Breese, 2006, disponível em http://www.breese.fr.

BROWN, Abbe – *Illuminating European Trade Marks?*, 2004 disponível em http://www.law.ed.ac.uk/ahrb/script-ed/docs/trade_marks.asp

BURTON, Helen – *The UK Trade Marks Act 1994: An Invitation to an Olfactory Occasion?*, EIPR, 1995, 17, 378.

CARRIÈRE, Laurent – *La Protection Statutaire des Marques Non Traditionnelles au Canada, Quelques Réflexions sur leur Enregistrabilité et Distinctivité*, Leger Robic Richard Avocats, 1999.

CARVALHO, Américo da Silva – *Marca Comunitária – Os Motivos Absolutos e Relativos de Recusa*, Coimbra Editora, Coimbra, 1999.

– *Direito de Marcas*, Coimbra Editora, Coimbra, 2004.

CATALDO, Vincenzo di – *I Segni Distintivi*, 2.ª ed., Giuffrè Editore, Milão, 1993.

CÉLIER, Pierre – *Le Marketing Sensoriel*, 2004, disponível em http://cpa.enset-media.ac.ma/marketing_sensoriel_m.htm

CERVIÑO, Alberto Casado – *La marca en la Sociedad Globalizada: La Marca Comuniaria, Modelo de Sistema Regional, in* Patentes, Marcas Software, Ediciones Laborum, 2001, 121.

– *Marca Y Diseño Comunitario, in* Propriedad Industrial Teoría y Práctica, Editorial Centro de Estudios Ramón Areces, S.A., 2001, p. 283.

CHAUDRI, Abida – *Graphically Speaking, Registering Smell, Colour and Sound Marks in the UK and Europe*, TW, 2003, 157, 26.

CLIFTON, Rita – *O Futuro das Marcas, in* O Mundo das Marcas, Actual Editora, 2003, 255.

COATES, Marijo – *Using Trademarks and Copyright to Protect Your Property*, 1998 disponível em http://www.dww.com/articles/protect.htm

CALMONT/BOUVARD – *La Protection de l'Odeur par la Proprieté Industrielle*, disponível em http://droitntic.ifrance.com/exposepi9.html.

COCKSHUTT/FRANGESKIDES – *"Olfactory Trade Marks", in* Coudert Brothers Global Legal Advisers, Newsletter Issue, 2004, n.º 4, p. 5 e 6.

COMBALDIEU, Jean-Claude – *«Pourquoi une Marque Communautaire?»*, RIPIA, 1995, 182, 3.

– *La Marque Communautaire: Des Succès et des Problèmes*, RIPIA, 1997, 188, 111.

COMPLETE, Editions Ltd – La Dolce Vita – Perfumes, Edições Asa, 2003.

CORREA, José António Faria – *A Dimensão Plurissensorial das Marcas: a Protecção da Marca Sonora na Lei Brasileira*, RABPI, 2004, Edição Março/Abril.

CROCHET, Jean-Louis – *Parfumerie et Droit D'Auteur*, RIPIA, 1979, 118, 458.

CURTIS, Lee – *The Smell of Trade Marks*, Pinsent Curtis Bidle, 2003, Fevereiro.

DAUCÉ, Bruno – *Comment Gérer les Senteurs d'Ambiance*, in *Le Marketing Sensoriel Du Point de Vente*, Dunod, Paris, 2006, 91.

DUBARRY, Marie – *La Protection Juridique d'une Fragrance*, Intelex, França, 2000.

DUBOIS, Pierre-André – *Trademark Law evolves in Europe's Highest Courts*, IP Europe 2003, Abril.

FABIANI, Mario – *La Protezione del Profumo tra Marchio d'Impresa e Diritto di Autore*, IDDA, 2005, 3, 325.

Bibliografia

FERNANDEZ-NÓVOA, Carlos – *El Riesgo de Asociación*, ADI, XVIII, 1997, 23.
– *Tratado Sobre Derecho de Marcas*, 2.ª ed., Marcial Pons, Madrid, 2004.
FERRÃO, Luís – *Marca Comunitária*, Almedina, Coimbra, 1999.
FILSER, M. – *Le Marketing Sensoriel: la Quête de l'Intégration Théorique Managériale*, RFM, 2003, Setembro.
FIRTH, Alison – *Enregistrement de Marques Olfactives*, 2004, disponível em http://www.invention-europe.com/Article540.htm
FLECK, Lorraine – *What Makes Sense in One Country May Not inAnother: A Survey of Select Jurisdictions re Scent Mark Registration, and a Critique of Scents as Trademarks*, Publication Grant Program, 2003.
FOURQUET/COURBET – *Publicité, marketing et parfums: Approche Psychosociale d'une Double Illusion*, disponivel em http://72.14.203.104/search?q=cache:bvaTsEHs69gJ: archivesic.ccsd.cnrs.fr
GALLI, Cesare – *Protezione Del Marchio e Interessi Del Mercato*, in Studi di Diritto Industriale in Onori di Adriano Vanzetti, Tomo I, Giufré Editore, Milão, 2004 p. 661 ss.
GASTINEL/MILFORD – *The Legal Aspects of the Community Trade Mark*, Kluwer Law International, 2001.
GASULL, Oriol – *El Registro como Marca de los Signos Olfativos, Gustativos y Táctiles*, disponível em http://www.togas.biz/togas27/perezllorca.htm
GELATO, Paola – *Registrabilità dei Marchi di Fragranza e Sonori*, C. Imp., 1998, 2, 619.
GENEVOIS, Olivier – *Les Marques à L'Affût des Sens*, 2005, disponível em http://management.journaldunet.com/imprimier/0502/050268mkg_sensoriel.shtml
GERNIGON, Emmanuel – *L'Adhésion de la Communauté Européenne et des Etats-Unis d'Amérique au Protocole de Madrid*, 2003, disponível em http://www.legalbiznext.com/droit
GILSON/LALONDE – *Cinnamon Buns, Marching Ducks and Cherry-Scented Racecar Exhaust: Protecting NonTraditional Trademarks*, TMR, 2005, 95, 773.
GONÇALVES, Luís Couto – *Manual de Direito Industrial: patentes, marcas e concorrência desleal*, Almedina, Coimbra, 2005.
– *Função Distintiva da Marca*, Almedina, Coimbra, 1999.
– *Direito das Marcas*, Almedina, Coimbra, 2003.
– *"Marca" olfactiva e o requisito da susceptibilidade de representação gráfica – Ac. Do Tribunal de Justiça de 12.12.2002, P. C-273/00"*, in Cadernos de Direito Privado, n.º 1, Janeiro/Março, 2003, p. 14 e ss.
– *A "Marca" do Tribunal de Justiça no Direito de Marcas*, in Estudos em Homenagem à Professora Doutora Isabel de Magalhães Collaço, 2002, II, 79.
– *A Protecção da Marca*, SI, 2002, LI, 545.
GONZÁLEZ, María Dolores Rivero – *Los Problemas que Presentan en el Mercado las Nuevas Marcas Cromáticas y Olfativas*, RDM, 2000, 238, 1645.
GUERRERO, Sébastien – *La Marque Olfactive, Mythe ou Réalité? (Analyse)*, disponivel em Legalbiznext, 2002, Dezembro.
GUILLOU, Anne – *L'Europe en Bref*, Délégation des Barreaux de France, Barreau de Paris, 2003, 253.
HAMMERSLEY, Faye *"The Smell of Sucess: Trade Dress Protection for Scent Marks"*, 2 MIPLR, 105

HARRYS, Bryan – *Intellectual Property Law in the European Union*, Pierce Law, New York, 2005.

HILDEBRANDT, Ulrich – *Harmonised Trade Mark Law in Europe, Case-Law of the European Court of Justice*, Carl Heymanns Verlag, 2005.

ILARDI, Alfredo – *La Propriété Intellectuelle, Princpies et Dimension Internationale*, Innoval, 2005.

JAFFEY, Peter – *The New European Trade Marks Regime*, IRIPCL, 1997, 28, 153.

JOUNIOT, Sylvie – *Souhaits de Longue Vie à la Nouvelle Étoile de la Proprieté Industrielle: a Marque Communautaire Est Née (1er Partie)*, Europe, 1994, 3, 1.

JOURDAIN, Marie – *Les Marques Olfactives Ne Montrent Dédidément Que le Bout de Leur Nez...*, 2006, disponível em http://www.legalbiznext.com/droit

KERLY'S – *Law of Trade Marks and Trade Names*, 14.ª ed. (by Sir Robin Jacob), Sweet & Maxwell, London, 2005

KOEHL, Jean-Luc, *Le Marketing Sensoriel*, disponível em http://www.educnet.education.fr/ ecogest/veille/mercatique/gc10.htm

KUNZE, G.F. – *The Madrid System and the Community Trade Mark, in* European Community Trade Mark, Commentary to the European Community Regulations, Kluwer Law International, 1997.

LALIN, Manuel Árean – *Comentarios a los Reglamentos Sobre la Marca Comunitaria*, La Ley, 2000.

LAPORTE-LEGEAIS, Marie-Eugénie – *Droit des Marques et Noms de Domaine*, Université de Droit de Poitiers, 2005.

LASALLE, Anne – *Sounds Good. Smells Good.*, TW, 2005, 177, 22.

LEE/DAVIDSON – *Intellectual Property for the Internet*, Wiley Law Publications, 1997.

LEGRIS, Martine – *Dans l'émergence du marketing sensoriel, la place du marketing olfactif: de l'émotion vers une udentité olfactive?*, Escem, 2004-2005.

LEVIN, Katrin – *Olfactory and Sound Marks in the European Union*, WIPR, 2003, Abril.

LLOBREGAT, María Luisa – *Caracterización Jurídica de las Marcas Olfativas como Problema Abierto*, RDM, 1998, 227, 51.

LIUZZO, Lamberto – *Alla Scoperta dei Nuovi Marchi*, RDI, 1997, I, 123.

LUZZATO, Riccardo – *Proprietà Intellettuale e Diritto Internazionale, in* Studi di Diritto Industriale in Onori di Adriano Vanzetti, Tomo I, Giufré Editore, Milão, 2004, p. 895 ss.

LYONS, Debrett – *Sounds, Smells and Signs*, EIPR, 1994, 16, 540.

MAIA, José Mota – *Marca Comunitária in* Propriedade Industrial, INPI, 1996, p. 311.

– *Cooperação internacional em Matéria de Marcas: Tratados e Acordos Internacionais, in* Propriedade Industrial, INPI, 1996, p. 373.

– *Aspectos da Relação Jurídica entre o Protocolo Relativo ao Acordo de Madrid e o Regulamento sobre a Marca Comunitária, in* Propriedade Industrial, INPI, 1996, p. 383.

MANSANI, Luigi – *Marchi Olfattivi,* RDI, 1996, I, 262.

MARTINEZ, María Isabel Velayos – *El Processo Ante Los Tribunales de Marcas Comunitarias Españoles,* Thomson – Aranzasi, 2004.

MATHESON, Julia Anne – *United States: The Sweet Smell of a Successful Registration*, An Update on Olfactory Marks, SFDJ/IPS, 2002, 9 de Outubro.

MATHÉLY, Paul – *Le Nouveau Droit des Marques*, Éditions J.N.A, Vélizy, 1994.

– *Le Nouveau Droit des Marques in* RJC, 1995, 39, 45.

MCCUTCHEON Jani – *The Registration of Sounds and Scents as Trade Marks under Australian Law,* IPQ, 2004, 2, 138.

NARDOT, Corinne – *Marketing Olfactif et Identité de Marque*, 2003, disponível em http://www.creg.ac-versailles.fr/article.php3?id_article=54

OLAVO, Carlos – *Propriedade Industrial*, Vol. I, Almedina, 2005.

OSMAN, Guy Robert – *Les Sens du Parfum*, 2000, disponível em http://www.parfumeur-createur.com/article.php3?id_article=67.

PECORARO, Marie – *De Certaines Contraintes Juridiques du Marketing Sensoriel – Un Colloque Organisé par Stratégies*, 2005, disponível em http://www.bignonlebray.com/departements/pint/article.php3?id_article=334.

PÉREZ/LORCA – *Los signos Olfactivos no Pueden ser Registrados como marca*, NCM, 2003, 2, 10.

PHILLIPS, Jeremy – *Trade Mark Law, A Practical Anatomy*, Oxford University Press, 2003.

POWELL, Eddie – *Off the Scent*, TW, 2006, 185, 9.

PRIME, Terence – *European Intellectual Property Law*, Ashgate, 2000.

QUYNH, Nguyen Nhu – *Special Trade Marks – Legislation and the Situation in the European Community*, Lund University, 2002.

RASSAT, Alain – *La Pratique de l'Examen sur les Motifs Absolus du Point de Vue de l'OHMI*, RAE-LEA, 1991, 2, 3.

RAYNAUD, Martine – *L'enregistrement de Marques Sensorielles Communautaires et Nationales*, 2006, Ministério da Economia, Finanças e Indústria da República da França, disponível em http://www.minefi.gouv.fr/

ROBIC, Georges – *Enregistrabilité des Marques Sonores, Signes Distinctifs et Couleurs*, Leger Robic Richard Avocats, 1990.

SADOUK, Iihame – *Le Marketing Olfactif: est bel et bien present, 2006,* disponível em http://www.unice.fr/edmo/newsletters/newsletter20/courrierdeslecteurs.htm

SANDRI/RIZZO – *I Nuovi Marchi – Forme, Colori, Odori, Suoni e Altro*, IPSOA, 2002.

SANDRI, *Natura e Funzione del Marchio: Dal Segno/Marchio al Marchio/Segno nella Giurisprudenza Comunitaria, in* Studi di Diritto Industriale in Onori di Adriano Vanzetti, Tomo II, Giufré Editore, Milão, 2004, p. 1377 ss.

SCHMIDT, Lutz G. – *Definition of a Trade Mark by the European Trade Marks Regime – A Theoretical Exercise?* IRIPCL, 1999, 30, 738.

SIECKMANN, Ralph – *Welcome to the Non-Traditional Trade Mark Archives* disponível em http://www.copat.de/markenformen/mne_markenformen.htm.

TRITTON, Guy – *Intellectual Property in Europe, 2.ª* ed., Sweet & Maxwell, London, 2002

WELCH, John L. – *Trade Dress and the TTAB: If Functionality Don't Get You, Nondistinctiveness Will, in* Allen's Trademark Digest, nº 5/2004, Vol. 18, p. 9 ss.

WIEBE, Justine – *A "Sensible" Approach to Non-Traditional Trade Marks*, 2005, Bereskin & Parr, disponível em www.bereskinparr.com

ÍNDICE

Abreviaturas 7

Introdução 11

Resenha Histórica 17

PARTE I
ENQUADRAMENTO INTERNACIONAL E COMUNITÁRIO

A. O Regime Supranacional da Marca 21

Introdução 21
1. A convenção da União de Paris (1883) 22
2. O Registo Internacional (Acordo de Madrid de 1881 e o Protocolo de Madrid de 1989) 26
3. Tratado sobre o Direito de Marcas 1994) 30
4. Acordo sobre os aspectos dos Direitos de Propriedade Intelectual relacionados com Comércio – TRIP´S 31
5. Direito Comunitário de Marcas 32
   a. A Directiva 89/104/CEE do Conselho de 21 de Dezembro de 1988 35
   b. O Regulamento nº 40/94 – O nascimento da Marca Comunitária 37
      b.1. Os princípios da Marca Comunitária instituídos pelo RMC 38
6. Relação da Marca Internacional com a Marca Comunitária 40

B. A Marca Comunitária em Especial 43

1. A Representação gráfica 46
2. A distintividade 48
3. A falta de representação gráfica e a falta de distintividade – Motivos Absolutos de recusa 50
   3.1. Os sinais que não são graficamente representáveis 52
   3.2. Os sinais com falta de eficácia distintiva 53
4. Motivos relativos de recusa 55

PARTE II

A MARCA OLFACTIVA

Introdução	61
1. A dimensão económica – Marketing Olfactivo	62
1.1. Da percepção à memorização do odor	65
1.2. Efeitos da percepção e da memorização do odor	67
1.3. A fundamentação económica das marcas olfactivas	72
2. A dimensão jurídica – Problemas Jurídicos do sinal olfactivo	74
2.1. A representação gráfica das marcas olfactivas	76
2.2. A distintividade das marcas olfactivas	81
a. Da acessibilidade do produto/serviço olfactivo e da sua percepção pelo consumidor	81
b. Produtos naturalmente não – odoríferos *versus* naturalmente odoríferos	83
c. A publicidade e o secondary meaning ao serviço da distintividade	86
d. Risco de confusão e contrafacção	88
2.3. As vantagens e desvantagens das marcas olfactivas	91
3. A marca olfactiva no mundo	93
3.1. Austrália	95
3.2. Estados Unidos da América	96
a. A protecção das marcas olfactivas pelo *Trade Dress – Quid Iuris?*	101
3.3. Canadá	102
4. A marca olfactiva na Comunidade Europeia – uma harmonia desarmonizada?	104
4.1. Reino Unido	104
4.2. França	108
4.3. Marcas Olfactivas Comunitárias	109
a. *"O odor de erva recentemente cortada"* – *" uma pérola no deserto"*	109
a.1. A representação gráfica por descrição verbal – A aceitação	109
a.2. A representação gráfica por descrição verbal – A negação	113
b. *"O odor de morango"* – A representação gráfica por imagem	113
c. Aromas complexos e outras formas de representação gráfica	115
5. O Ac. Ralf Sieckman/Deutsches Patent und Markenamt	119
5.1. Apresentação sumária	119
5.2. O Deutsches Patent und Markenamt (DPM)	120
5.3. O recurso para o Bundespatentgericht	120
5.4. O reenvio para o TJCE	121
5.5. A Interpretação da Directiva feita pelo TJCE e a resposta às questões do Bundespatentgericht	122
a. Resposta à 1ª questão	123
b. Resposta à 2ª questão	124
b.1. A posição do TJCE face às formas de representação gráfica apresentadas por Ralf Sieckmann	124
b.2. Conclusão do TJCE	127
5.6. Reflexos do Acórdão Ralf Sieckmann	127
Conclusões	133
Bibliografia	151